知名历史专家 主讲人魏新
央视《百家讲坛》编写审定

全景图说中国历史

北宋—清代

星蔚时代 编绘

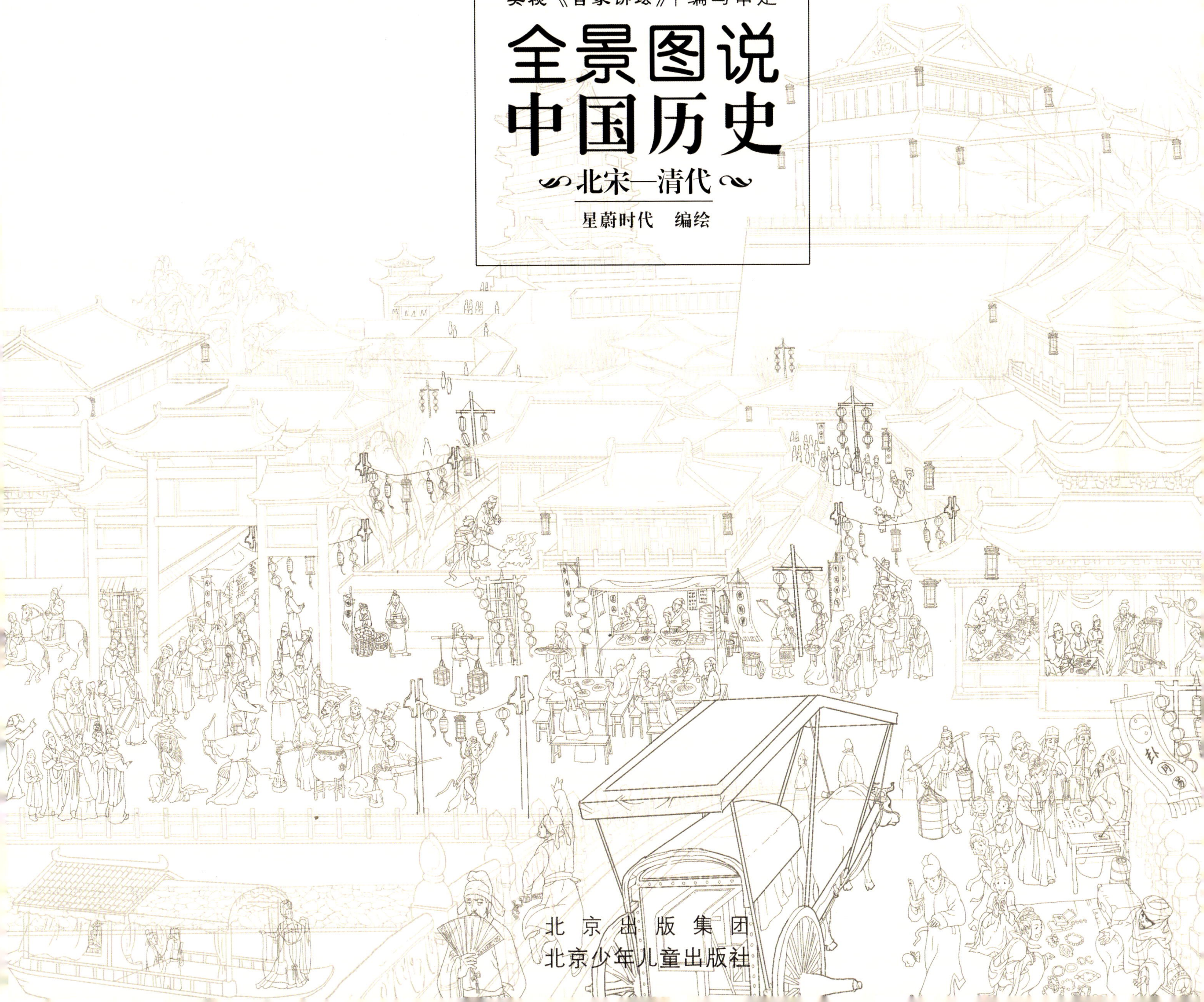

北京出版集团
北京少年儿童出版社

图书在版编目（CIP）数据

全景图说中国历史. 北宋—清代 / 星蔚时代编绘. —
北京 ：北京少年儿童出版社，2020.1
ISBN 978-7-5301-5416-8

Ⅰ. ①全… Ⅱ. ①星… Ⅲ. ①中国历史—北宋-清代
—少儿读物 Ⅳ. ①K209

中国版本图书馆CIP数据核字（2018）第063274号

全景图说中国历史
北宋—清代
QUANJING TUSHUO ZHONGGUO LISHI
BEI SONG—QINGDAI
星蔚时代　编绘

*

北 京 出 版 集 团
北京少年儿童出版社　出版

（北京北三环中路6号）
邮政编码：100120

网址：www.bph.com.cn
北京出版集团总发行
新华书店经销
北京瑞禾彩色印刷有限公司印刷

*

889毫米×1194毫米　12开本　5印张　75千字
2020年1月第1版　2020年1月第1次印刷
ISBN 978-7-5301-5416-8
定价：58.00元
如有印装质量问题，由本社负责调换
质量监督电话：010-58572393

目　录

做历史的临水照花人

古人云：“以铜为镜，可以正衣冠；以史为镜，可以知兴替；以人为镜，可以明得失。”历史于每个人，有一种临镜鉴照的感受，使人能够清晰地看到自己的方向。

而浩如烟海的历史书籍也告诉我们，不同的人看待历史的角度是不一样的，从历史中得到的知识和经验也将不同。成长中的青少年，人生观、世界观、价值观尚未完全确立，面对历史，他们首先需要了解的是史实本身。这正是北京少年儿童出版社策划出版本系列的初衷，我们想用磅礴大气、丰富考究、细腻传神，展现历史大场景、刻画时代小情节的全景图来展示中华五千年的历史。每一个画面，都是我们在历史长河中撷取来献给读者珍藏的雪浪花。

一系列，四册书，120幅跨页全景图，720幅人物、事物细节图，一幅全景图中，最多有近百个人物形象，每个人物都有自己在历史中的定位和属性。每一幅图都藏着风云变幻、时代变迁，有当时百姓的生活气息，也有已逝朝代的典型形象。从春秋的孔子课徒到魏晋的曲水流觞，从唐宋的市井繁华到明代的郑和宝船……一幅幅全景图，把历史的脉络清晰展开，一一呈现，令读者一目了然：看得到金戈铁马、国计民生，也看得到百姓的家长里短、平凡温暖；学到了历史，也顺带记住了属于那个时代的成语故事、科技、人文、艺术等等。这一切不需要死记硬背，每一幅图会通过生动的细节轻盈地走进你心里。

本系列的创作过程历时两年，经过了反复修订，文字的编写和审定由著名历史学者、《百家讲坛》主讲人魏新负责，全部图画由星蔚时代插画团队创绘。

在此，对本书系的文字作者魏新和精心创绘了经典历史全景画面的插画人魏雪明、白洛、玄子、邹福庆、周群诗致谢！感谢他们的精心打磨，这些精彩的图文会带着历史，走向更远更广阔的世界。

打开这本书，开始用画面探索历史的趣味阅读之旅——以史为鉴，去做那个临水照花人，去感受全景图说历史的无限魅力吧！

策划人：穆怀黎

2020年1月

北宋

（公元960年—公元1127年）

1 —公元960年— 陈桥兵变

后周显德七年（公元960年），北汉与辽相勾结侵犯后周，当时后周恭帝仅八岁，命殿前都点检赵匡胤带领军队前去抵御。赵匡胤带领大军到了陈桥驿站，夜晚的时候，众将士在驿站门前集合，大声喊着“让点检做天子”。第二天一大早，各位将士又拿着兵器站在院子中，对赵匡胤说：“现在各位军将没有统帅，想要让您当天子。”赵匡胤还没来得及回答，就有一人将黄袍披在他的身上，其他人见了，都跪下高呼“万岁”。赵匡胤下令，不能侵凌太后与恭帝。回朝后，后周恭帝将禅让的诏书从袖子里拿出来，赵匡胤在崇元殿即位，是为宋太祖。

2 —公元961年— 杯酒释兵权

宋太祖登基后，掌管禁卫的是他的故人石守信、王审琦等人，丞相赵普多次请求更换他们的职务，以防他们发生兵变。宋太祖恍然醒悟，于是宴请石守信等人，酒酣之时，宋太祖屏退左右，对石守信他们说：“当天子很难，还不如你们做节度使快乐。要是你们的手下想要富贵，也找来一件黄袍披在你们身上，就算你们不想，也没有办法！”石守信等人听了，立刻明白了宋太祖的意图，表示愿意听从安排。于是宋太祖罢免了他们的军职，赏给他们豪宅、土地，让他们享乐去了。

3 —公元986年— 忠烈杨家将

北宋大将杨业，年少的时候就喜欢行侠仗义，骑射功夫十分厉害，打仗时所向披靡，被人们称作“杨无敌”。宋太宗听说了他的名声，将他召来重用。雍熙三年（公元986年），宋太宗赵光义想要北伐契丹，让潘美做主帅，杨业做副帅。辽兵势力强盛，杨业不赞成与他们交战，不料遭到反对，最后杨业之子杨延玉因潘美指挥错误而丧命，宋军全军覆没。杨业重伤被俘，绝食而死。杨业带兵时，和将士们同甘共苦，他临死时想遣散将士，众人却都不肯离去。

4 —公元1004年—

澶渊之盟

后晋的儿皇帝石敬瑭将燕云十六州割给了契丹人，北宋建立后，开始发兵北伐，想要夺回失地，不料连征两次都失败了，无力再战。宋真宗景德元年（公元1004年），大辽的萧太后与辽圣宗开始向大宋发起了猛烈的进攻，在大臣寇准的建议下，宋真宗御驾亲征，作战的士兵果然士气大增。辽军看到形势扭转，不敢再战，想要与宋朝讲和。宋真宗不想穷兵黩武，便同意和解，辽宋在澶州签订了盟约，相约以兄弟之国相称，但北宋每年要给辽国三十万的“岁赐”，还要开放市场。这一盟约被称为“澶渊之盟”。

5 —公元1053年—

大将狄青

北宋大将狄青，因善骑射，最初在御马直里当一名骑兵。宋宝元初年（公元1038年），西夏李元昊发动叛乱，狄青受朝廷的招募到边疆去作战。狄青身先士卒，先后参与了二十五场战役，其中最著名的是皇祐五年（公元1053年）的昆仑关之战。他曾被弓箭射中了七八回，仍然勇猛向前，消灭了西夏的几个部落，并将他们的粮食烧毁了数万石。在安远作战的时候，狄青受了重伤，然而一听到敌人来了，就立刻冲出去迎战。

狄青年轻时因犯罪，脸上被刺了字，因此在作战的时候，他披散着头发，戴着一个铜面具。后来，皇帝想要赐给他药水除去字迹，狄青却拒绝了，他说：“正是因为陛下不轻视我的出身，我才有了今天。”

6 —公元1069年— 王安石变法

北宋建立初期，皇帝为了维护中央集权，抵御北方少数民族的入侵，大量封官养兵，造成严重的财政赤字。地方官王安石于宋嘉祐五年（公元1060年）写了一篇《上仁宗皇帝言事书》，呈交给宋仁宗，说明宋朝当前的危急形势，未受到仁宗的重视。直到宋神宗即位之后，宋熙宁二年（公元1069年），才任用王安石为参知政事，让他着手变法。熙宁三年（公元1070年），王安石被任命为宰相，开始大刀阔斧地推行新政，实行均输法、青苗法、免役法等九项措施，新政推行了十多年，终使宋朝国库充盈起来。

包拯

你知道吗？

包青天

北宋名臣包拯，年轻时以孝顺闻名，因父母年迈而拒绝远行做官。为官后清廉正直，他在端州任知府时，就有“一砚不留”的美誉。包拯还曾弹劾没有犯错的宰相宋庠，称他“身居高位，无功便是有过”。

8 —公元1115年— 金国崛起

金国是女真族建立起来的，金人同宋人一样，忍受着辽国的欺压。女真族的首领完颜阿骨打率领部落走上了抗辽的道路，并于公元1115年建立了大金。金朝与北宋签订“海上盟约”，相约联合灭辽，在盟约中约定燕云地区归宋朝管理。但是胜利之后金朝只给宋朝一些劫掠过的空城，宋朝还要将给辽的岁币交给金朝。因此宋辽的矛盾也不可避免地转变为宋金之间的矛盾。

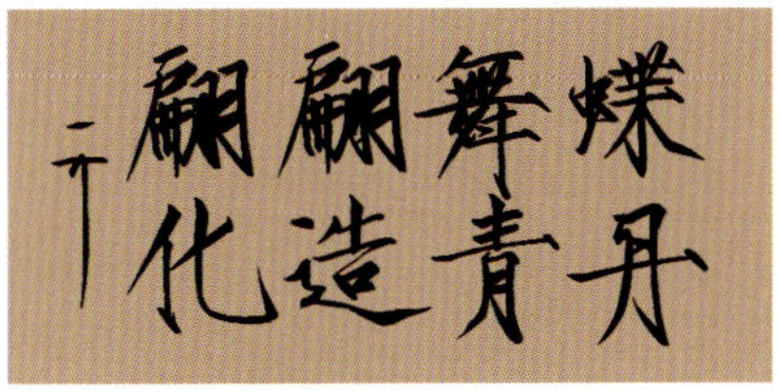

7 —公元1100年— 书画皇帝

宋徽宗赵佶是历史上有名的书画皇帝，不仅擅长画花鸟，在书法上也颇有造诣，他创造的“瘦金体”被后人争相效仿。然而，善于书画的宋徽宗却不擅长国事，他任用蔡京、童贯等奸臣，使国家内政混乱，外与辽金为敌作战，内有各路起义叛乱。宋徽宗在他的诗情画意中，断送了北宋的江山。

9 —公元1119年— 宋江、方腊起义

由于宋徽宗的不作为，他在位的时候，奸臣当道，天灾不断，很快就爆发了两场大规模的起义。宣和元年（公元1119年），宋江率领起义军攻打京东、河朔地区。第二年，也就是宣和二年（公元1120年），青溪县的农民方腊也发动武装起义，两支起义军震动了朝野。宋徽宗一方面派大军镇压方腊，一方面对宋江进行招抚，最终两支起义军均以失败而告终，但却给北宋王朝以沉重一击。

相传打虎英雄武松也参与了宋江起义

10 —公元1126年— 李纲守东京

金朝击败辽以后，从河北南下入侵宋朝，宋徽宗和他的儿子宋钦宗都是胆小懦弱之辈，先后要逃往南方避难。一位叫李纲的大臣却挺身而出，担起了保卫京城的重任。靖康元年（公元1126年），金兵包围了开封，李纲率军严守，使其不能得逞。不久，李纲指挥各路兵马守住黄河要道，断了金军粮草，使其撤离了开封。

11 —公元1127年— 靖康之耻

金军北撤之后，休整了几个月，再次举兵南侵。宋徽宗胆小懦弱，不敢与金再战，于是将李纲流放到江南，向金朝提出议和，称愿以黄河为界，割让河北、河东。在宋徽宗踟蹰之时，金军进入了开封，当地的百姓自发奋起抵抗，却遭到了朝廷的镇压。靖康二年（公元1127年），金人闯进皇宫，俘虏了宋徽宗、宋钦宗两人，将开封的金银财宝洗劫一空。这一场灾难，被称为“靖康之耻”。

武能上马定乾坤，文能提笔安天下。武将出身的宋太祖赵匡胤，登基后任用的朝臣却是拿笔杆子的文人。这一文一武的结合，竟然奇迹般地结束了长达七十余年乌烟瘴气、昏天黑地的五代十国。更神奇的是，这群书生将北宋的经济、文化、科技搞得风生水起，使之在当时的世界上遥遥领先。

务尽地力，任用农师

宋太祖以惜民惜地的态度对待农业，他告诫人们：不管是种稻子还是桑麻，一定不要耗尽地力。北宋的第二位皇帝宋太宗则认为：打仗有军师，种田也应该有“农师”，农师负责掌握土地、人口和耕牛的情况，也负责督促农民耕种。南北分裂之时，江北只种植五谷，江南只种水稻，于是北宋政府下令，要增加南北的农业交流，改善单一的种植模式。此外，政府还向东南亚地区学习先进的种植技术，占城（越南）稻子能在旱地种植，便将它引过来，通过张贴告示的方式介绍给农民。因地制宜，多方学习，北宋的农业有了很大发展。

宋朝人物服饰

八荒争凑，万国咸通

北宋商业非常发达，都城开封林立着千百家店铺，店中货物琳琅满目，往来客商熙熙攘攘，叫卖声不绝于耳。街上不时走过胡人的骆驼队，胡人的面孔对市民来说并不稀奇，从南海远渡而来的大食人、占城人、勃泥人同样眼窝深邃，鼻梁高挺。中外商人乘坐的船只，多数是宋人造的，海船的下侧如刀刃一般，便于在海上乘风破浪。

北宋的街市不分昼夜，白日里，商家们极力展示所售之物，从日用百货到奇珍异宝，无所不有。买家们却不着急购买，货比三家，择优而取。除了正常的营业时间外，还有三更夜市、五更早市，这可比唐朝开放多了。都城中还设有“瓦子”，瓦子中有勾栏、酒肆、茶楼，供人们消遣。

户盈罗绮，钱财万贯

“城”是设防重地和政治中心，“市”是商业活动场所。唐代开始出现的在大城市周围的定期集市——草市和墟市，到宋代已经普遍存在于各大小城市周围，北方叫“集”，南方叫“墟”。农村中也出现定期举行的小市。北宋城市的繁荣，建立在三更夜市、五更早市的昼夜经营之上。除日常贸易外，开封相国寺每月还会举办五次万姓交易，届时粮食、水产、畜产、蔬果等各种货物无所不有。经营是讲规矩的，相同行业的商铺组成商行，入行的商户叫“行户”，各行各业都有领头人物，被称作“行头”或者“行老”。

行老是一行中最有资本和资质的，他们可不是徒有老大的名声，不但有权规定本行商品的价格，连本行业的工匠找工作，也要经过行老介绍。除行老外，还有一种人周旋在买家和卖家之间，促成生意，叫“牙人”。

商店交易的数额动辄千万，若是商人还用着铜铁铸钱，恐怕只能用平板车来推了。益州（成都）最早出现了“交子店铺”，这种店铺专为携带巨款的商人保管现钱。存款人把现金交给铺户，铺户把存款数写在楮纸制作的券面上，从中收取一定的保管费，此时交子的作用相当于支票。后来，官府在益州设立交子务，交子就能直接当作货币来支付了。

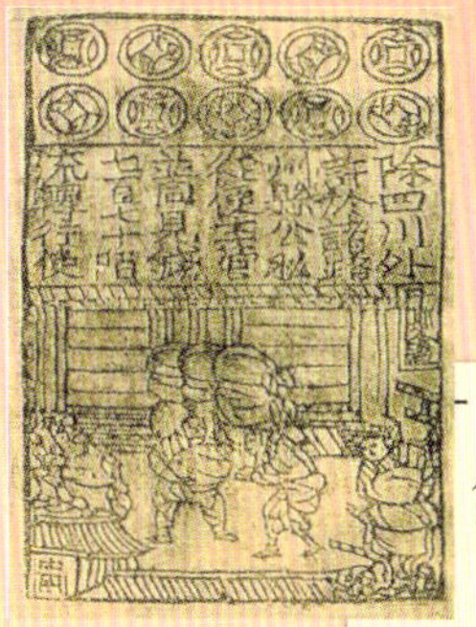

你知道吗？

交子

交子被认为是世界上最早出现的纸币。随着贸易往来的增多，交子的使用越来越广泛，官府对交子的管制也越来越严格，甚至交子上都印有防伪标记，以防有人以假乱真。

北宋发达的商业，为科技和文化的发展提供了基础。大家吃饱饭了，才能专心搞科研和创作，中国四大发明里面有三项在北宋发展成熟并被普及：火药、活字印刷、指南针。文化方面，宋朝的词作品已达到了极高的水平，它与唐诗并称为中国古典文学艺术的瑰宝；书法的发展更是登峰造极，苏轼、黄庭坚、米芾、蔡襄成就最高，被称为“北宋四大家”。

火药

火药在春秋时就已经存在了，最初用于为皇帝炼制长生不老的仙丹。火药容易爆炸，危险性强，最终被炼丹人弃用，转而成为军事家的手中之宝。火药从晚唐开始逐渐应用于战争，北宋政府在汴京建立了火药作坊，先后制造了火药箭、火炮等以燃烧性能为主的武器和霹雳炮、震天雷等爆炸性较强的武器。火药在北宋的发展日趋成熟，后经由西亚各国传入欧洲。

指南针

指南针顾名思义是一种用来辨别方向的仪器，发明于北宋，它的前身司南却早在战国时期就有了。指南针的重要组成部分是一根可以自由转动的磁针，因为地球磁场的缘故，磁针的北极总会指向北极。北宋时，人们将指南针应用于航海业，增加了导航的准确性。后来，指南针逐渐传入欧洲，新大陆的发现也有它的功劳呢！

沈括《梦溪笔谈》

《梦溪笔谈》是北宋科学家沈括所著的笔记体著作，被西方学者称为中国古代的百科全书。

司马光《资治通鉴》

《资治通鉴》是中国古代编年体史书的最高成就和总结性作品。《资治通鉴》共二百九十四卷。

活字印刷

五代十国时期的雕版印刷从技术上改变了文字传播的效率，但它非常耗费材料。每一页都得刻一张版，制作耗费工时，版上一旦有一个字刻错了，就得重新制作。

而活字印刷术正好解决了这一难题，它先制成单字的模具，然后按照稿件把单字挑选出来，灵活排列在字盘内，涂墨印刷，印完后再将字模拆出，留待下次排印时再次使用。一套模具可以反复自由排列，印刷不同的书籍，大大节省了材料，提高了效率。

活字印刷的发明，取代了传统的雕版印刷和手工抄写。一版能够印出几百部或者几千部书籍，不但节省了人力财力，对于文化知识的传播也起到了重要的作用。

宋词之美

在中国文学史的长河中，能与唐诗比肩的，唯有宋词。宋词与格律诗不同，多是用来唱的，因此不拘一格，或清新婉丽，或豪情奔放，最终形成“婉约派”与“豪放派”两大词派。不论是在宫廷府邸，还是在市井小巷，宋词都备受推崇。宋词由俗到雅，登堂入室，最终成为我国文学史上一颗璀璨的明珠。

豪放派代表人物：辛弃疾

辛弃疾出生在金人占领区，大宋的臣民在金人的欺辱下苟且偷生，辛弃疾的父亲希望他长大后能像西汉大将霍去病一样击退敌人，因此才给他起了这个名字。辛弃疾自幼目睹国破家亡的惨状，立志要抗击金人，收复失地，长大后当上将军驰骋沙场。他多次上书主张抗金，由于被朝廷的主和派排挤，辛弃疾屡遭贬谪，只好将万丈豪情寄托在诗文之中，写下了众多诸如《破阵子》的慷慨悲壮的爱国主义佳作。

破阵子·为陈同甫赋壮词以寄之

醉里挑灯看剑，
梦回吹角连营。
八百里分麾下炙，
五十弦翻塞外声，
沙场秋点兵。
马作的卢飞快，
弓如霹雳弦惊。
了却君王天下事，
赢得生前身后名。
可怜白发生！

宋词集大成者：苏轼

苏轼出生于四川眉山，自幼好学，年仅二十一岁便以文才名震京师，被欧阳修称赞道：“他日文章必独步天下！”

进入官场之后，苏轼却连遭挫折。当时的朝廷分为两派，王安石一党主张变法，司马光党则反对变法。苏轼在王安石执政时期，因表示自己反对变法而求外职。之后司马光执政，废除新法，苏轼又说新法之中有部分内容还是好的，于是再次自求外调……

尽管仕途不顺，但苏轼的诗词造诣很高。他的诗词内容往往豁达豪放，却又深蕴哲理，既有对人生境界的思考，又抒发了自己的一片报国之心，堪称绝妙至极！

念奴娇·赤壁怀古

大江东去，浪淘尽，千古风流人物。
故垒西边，人道是，三国周郎赤壁。
乱石穿空，惊涛拍岸，卷起千堆雪。
江山如画，一时多少豪杰。
遥想公瑾当年，小乔初嫁了，雄姿英发。
羽扇纶巾，谈笑间，樯橹灰飞烟灭。
故国神游，多情应笑我，早生华发。
人生如梦，一尊还酹江月。

宋代婉约词派代表人物：李清照

李清照出身于书香门第，自幼受到良好的文化熏陶，成年后与丈夫赵明诚琴瑟和谐，因此她前期的作品多写清闲快乐的生活。她的词婉转含蓄，语言晓畅，她是当之无愧的婉约派的代表词人。后来，国破家亡，丈夫病逝，李清照的词风就有了很大转变，所作之词多是感伤悲愤的基调。

开卷有益

宋朝初年，宋太宗赵光义十分重视典籍的编纂，他命文臣李昉（fǎng）等人编纂一部涵盖多种古籍的参考书。书籍编好后，太宗起名为《太平总类》，这部书收集了一千六百多种古籍的精华，全书分为五十五门一千多卷。太宗要亲自审阅，他规定自己每天要看两三卷。身边的人见他政务繁忙，还要看书，就劝他少看一些，以免过度疲劳，损害了身体。太宗却回答说：“开卷有益，我并不觉得有多么累啊！”于是坚持每天阅读，如果当天没读，隔天也要补上。如此坚持了一年，终于将这部巨著审阅完成。太宗将此书改名为《太平御览》，意思是太平兴国年间皇帝亲自阅读的书。在太宗的影响下，朝中的大臣都争相读书，变得勤奋刻苦。“开卷有益”的意思是只要打开书本读书，就会有益处。

弄巧成拙

北宋时期有一位大画家，名叫孙知微。一次，有座寺院请他去画一幅水月菩萨的画像，孙知微带领他的弟子们来到庙里，一起作画。他先用笔将菩萨的身形勾画好，弟子们围在一旁观看，都称赞老师画得栩栩如生。这时，孙知微的家中突然有了急事，他便交代弟子们将着色的部分完成。弟子们都按照老师平时教授的方法，小心翼翼地给菩萨画像着色，只有一个弟子指着画像说：“老师画的花瓶怎么是空的呢？一定是走得太匆忙，忘记画了，还是我帮老师加上吧！”第二天，孙知微来检查成果，看到瓶中的莲花后，十分生气，他对那个多事的学生说：“水月菩萨的水晶瓶是用来收服妖怪的，画上莲花，它就和普通的花瓶没有什么区别了，你真是弄巧成拙啊！”“弄巧成拙”就是指自作聪明，结果反而坏事。

名落孙山

北宋时期，有一个叫孙山的年轻人，有些才华，生性幽默，经常逗得大家捧腹大笑，人们都称他为“滑稽才子”。孙山成年后，和同乡的一个年轻人一起到京城参加考试，成绩出来的时候，他又和同乡一起去看成绩，结果发现自己虽然考上了，但是在榜上是最后一名，而他那位同乡没考上。孙山回到家里，同乡的父亲询问儿子是否考上了，孙山不好意思直接回答，也不好意思不回答，于是随口念了两句诗：解名尽处是孙山，贤郎更在孙山外。解名是指举人榜单。孙山诗句的意思是：我的名次在举人榜上的最后一名，你儿子的名次还在我孙山后面。那人一听，就知道自己的儿子没有考中，便不再询问了。从此，人们根据这个故事，把参加考试没有被录取叫作“名落孙山”。

囫囵吞枣

古时候，有个老先生，身边教了很多学生，他对学生们很好，经常拿一些果子招待他们。一天下课的时候，他拿出梨子和大枣招待学生。这时，来了一位客人，这个客人是一位医生，他看见学生们正在吃大枣和梨，就说：“吃梨子虽然对牙齿好，但是吃多了会伤肾，吃大枣倒是对肾好，但是吃多了会损害牙齿。”听了这位医生的话，一个学生回答说：“那好办，我吃梨的时候只咀嚼不咽下去，这样就不会伤害我的肾了。我吃枣的时候就整个吞下去，不咀嚼，这样就不会伤到牙齿了。”医生听了，觉得这位学生十分愚钝。后来，人们就用“囫囵吞枣”比喻对事物不加分析思考，在学习上不求甚解，模糊地接受新知识。

程门立雪

北宋时期，有一个叫杨时的孩子，从小聪明伶俐，四岁的时候入村读书，七岁的时候就能写诗，八岁的时候就能作赋，被村里的人称为神童。杨时长大后立志著书，为提升自己的学识，他经常拜访名师。有一年，杨时和同学游酢前去拜见当时的理学家程颐，正好赶上程颐在屋里休息，两人不想打扰老师，就站在门口等待老师醒来，谁知天空忽然下起大雪，杨时、游酢二人冻得浑身哆嗦。游酢几次想要叫醒老师都被杨时拉住了。程颐醒来后，发现门外的两个人都变成了“雪人”，他深受感动，于是将毕生所学教给了他们。杨时不负众望，得到了老师的全部学问。后来，杨时回到南方弘扬程氏理学，而且形成了独家学派。人们就用“程门立雪”这个成语比喻尊敬老师，诚恳求学。

胸有成竹

北宋时期，有一位著名的画家名叫文同，字与可，以画竹子而闻名，他与北宋著名词人苏轼是表兄弟，两人都喜欢作画。文同为了画好竹子，时时刻刻观察竹子，不管是春夏秋冬，还是阴天雨天，他都会跑到竹林去观察竹子的不同姿态。因此他画的竹子形态各异，栩栩如生。为此，苏轼特意写了一篇《文与可画筼（yún）筜（dāng）谷偃竹记》记载文与可画竹的事迹。诗人晁补之对文与可画的竹子也很有研究，他曾经写诗称赞道：“与可画竹时，胸中有成竹。”现在人们就用“胸有成竹”这个成语比喻做事之前已经做好充分准备，也比喻遇事不慌，十分沉着。

历史篇

南 宋

（公元1127年—公元1279年）

—公元1127年—

1 宋高宗南渡

宋徽宗第九子赵构在靖康之耻中幸免于难，于靖康二年（公元1127年）在南京应天府即位，是为宋高宗。面对父兄被虏的情势，宋高宗并不具备扭转乾坤的能力，在与金兵短暂对峙后，带领群臣仓皇南逃到扬州，不久又逃往杭州。但是妥协并没有换来和平，金军在突破北方的防线之后，大举南侵。建炎三年（公元1129年），金主帅兀术带领大军占领建康府，想要活捉宋高宗。

宋高宗认为金军虽然善于骑射，却对水战并不熟悉，于是乘船从杭州南下，途经越州、明州、定海，一直到了温州。金军一路南追，果然因为不适应海上作战节节败退，大肆掠夺一番后向北撤军。时隔四个月，宋高宗才结束海上的飘零，北上回到了越州，开始了一段相对稳定的统治时期。

—公元1130年—

2 韩世忠抗金

南宋大将韩世忠，身躯伟岸，目光灼灼，曾在平定西夏、镇压方腊起义中立下功劳。宋高宗南渡之时，韩世忠将大军埋伏在海口，准备在金军返回时给他们致命一击。上元节后，金军果然到来，在韩世忠的截击下无法渡江，于是以归还宝物和赠送名马为条件，贿赂韩世忠，均被拒绝了。韩世忠将金军的两位将领堵截在黄天荡四十八天，并击沉了兀术的海舟。兀术求饶，韩世忠说：“放回两位皇帝，还回掠去的疆土，就放过你们。”宋人乘船如骑马，兀术不惯水战，十分无奈。这时，有一位姓王的闽人，向兀术献上了海上作战的良策，助他们冲出了黄天荡，逃回了北方。韩世忠以八千人马击败兀术十万大军，最终受到皇帝的嘉奖，被封为节度使。

—公元1141年—

3 绍兴和议

当初，宋高宗即位之时，岳飞曾上书数千言，劝高宗率军北渡，收复中原，结果被高宗以越职言事的罪名削去了官位。不久，岳飞因作战英勇官复原职。金军北撤时，岳飞埋伏在牛头山，先用计让金军自相攻击，又率三百骑兵和两千步兵突击，最终收复了建康。岳飞再次要求宋高宗出师中原，宋高宗担心迎回徽、钦二帝后会对自己构成威胁，在丞相秦桧的建议下，于绍兴十一年（公元1141年）与金议和，承诺向金割地献贡。兀术写信给秦桧，称岳飞立志收复河北，岳飞不死，和议就是空谈。秦桧便让手下张浚、王贵诬告岳飞。岳飞被捕后，撕开衣裳，露出背上所刺“尽忠报国”四字以表志向。因为找不到罪证，秦桧便以“莫须有”的罪名将岳飞杀害了。

岳飞抗金
宋

4 —公元1147年— 丞相专权

秦桧在宋金和议上立了“大功”，使南宋小朝廷出现了偏安的局面，因此得到了宋高宗的重用。秦桧把持朝政，铲除异己，对那些反对议和的人大加打击，为了控制舆论，大兴文字狱，并让自己的儿子秦熺（xī）负责监督国史的修撰，将那些对自己不利的言论焚毁灭证。如此行径，却接二连三受到加封，绍兴十七年（公元1147年），秦桧被封为益国公，直至寿终正寝。

杭州岳飞墓前，后人所塑的秦桧夫妇跪像

5 —公元1233年— 联蒙抗金

宋金南北对峙之时，北方草原的蒙古族在成吉思汗铁木真的带领下崛起。此前，蒙古和南宋一样，受到金的辖制，也需向金交纳岁贡。自公元1211年起，成吉思汗率军攻打金朝，迫使金朝统治者一面献物求和，一面向南迁都，侵占南宋疆土。公元1233年，蒙古与南宋签订联合灭金的协议，向金发起猛烈反击，仅用了一年的时间，就灭了金国。

秦桧

6 —公元1235年— 蒙古南侵

蒙古大军北撤之时，宋理宗想趁机收复中原，在准备不足的情况下，就派军进入洛阳。意欲一统天下的蒙古正好以此为借口，于端平二年（公元1235年）大举南侵。南宋宰相贾似道想要效仿秦桧，与蒙议和，背着宋理宗与蒙古签订割地纳贡的条约，对外却宣称蒙军大败，粉饰太平。公元1271年，忽必烈定国号为元，命令各路元军攻宋，包围了南宋的重镇襄阳，南宋面临着生死存亡的危机。

7 —公元1279年— 厓山海战

宋景炎元年（公元1276年），元军进攻闽、广两地，宋端宗在大将张世杰、丞相陆秀夫的护送下逃亡海上，却因惊惧过度而亡。张世杰等人又立年仅八岁的赵昺（bǐng）为帝，在厓（yá）山建造行宫，屯兵备战。祥兴二年（公元1279年），蒙军在汉人将领张弘范的带领下攻陷厓山，陆秀夫负帝投海，南宋灭亡。

南宋王朝的开篇就写着“屈辱”二字。金军的铁骑直驱中原，掳走徽宗和钦宗，结束了北宋王朝一百六十七年的统治。宋徽宗第九子赵构仓皇南渡，在江南建立新的政权。有人说，南宋统治者苟且偷安，南宋臣子腐败成风、多为奸佞……但，在西方人的视角中，南宋是一个文化、经济极度繁荣的朝代，他们称南宋时期为“东方文艺复兴时期”“世界伟大海洋贸易史上的第一时期”……

宋代瓷碗

耕遍沿堤锄遍岭

宋金交恶，北方和中原成了交战的主战场，为了逃脱被杀和被掳为奴的命运，中原百姓扶老携幼逃至江南。为了安顿流民，当务之急是让他们有地可耕，南宋政府借给他们种子、耕牛，并免去前几年的税租。开春的时候，宋高宗还亲自率领群臣，在郊外的田地上象征性地执犁耕田，这一行为被称为“籍礼”。占有土地的地主，从流民中招募“客户”。

客户只需要向地主交纳地租，并不承担其他义务。客户不是地主的私有财产，而是南宋编入户籍的正式居民。劳动人民身心自由，便更加勤恳地在江南的沃土上创建自己的家园了。大量人口的南迁使原本地广人稀的江南变得拥挤热闹起来。人们的辛勤劳作最终使得江南之地“荒山半寸无遗土，耕遍沿堤锄遍岭”。

宋代瓷花瓶

你知道吗？

靠田法

当秧苗长得茁壮时，就把水放干，在阳光的暴晒下，稻子的根深深扎进土里，再放入水，如此可以旱涝保收，上等田亩产五六石。这种方法最早出现在江浙一带，“苏湖熟，天下足”即由此而来。

大放光彩的宋瓷

农业兴则百业兴，自由富足的农民、北方来的匠人，将南宋的商业、手工业提升到新的高度，不仅纺织业的规模和技术超过了同时代的金国，连制瓷业的中心也转移到了南方。江西景德镇制造的青白瓷，极其精美，被称为“饶玉”。

宋代制瓷分为官窑和民窑，官窑专门为宫廷烧制瓷器，匠人是从民间雇来的高手，但制瓷的全过程都要在官员的眼皮子底下进行，保密性非常高，连残次品和碎片都要埋在不为人知的地方。同时，民窑的管理也十分严格，民窑的经营必须要有营业执照——“窑牌”以及纳税账本——“火力”才行。好的民窑会接到政府的订单，不管大窑小窑都要交税。大放光彩的瓷器不仅飞入寻常百姓家，更是漂洋过海，行销海外。

大航海时代

富裕的江南，民生不成问题，但连年战事使百姓苦不堪言，军需供应吃紧。失去了北方中原的南宋王朝，只好将目光投向了烟波浩渺的海洋，于是在沿海港口设置市舶司，发展海上贸易。海上贸易的航线有两条，西行航线经由泉州、广州到达中南半岛、印度半岛，甚至远到东非；北行航线经由宁波到达朝鲜、日本。贸易往来的物资多达四百余种。如此盛况，使得南宋泉州大臣李邴发出“苍官影里三洲路，涨海声中万国商”的感慨。

丝绸和瓷器是海外贸易的代表，陶瓷体积大、重量大、数量多，因而对船只有着更高的要求。福建、两浙、江西都有大型的造船基地，船的种类更是多如牛毛，客船、钢船、渔船、战舰……其中有一种“车船”，是在船舷两侧装上对称车轮，轮上装有击水叶片，用以代替船桨，人在船内用双脚踏动轮轴，就可使船行如飞了。

你知道吗？

“南海一号”

2007年打捞出的南海沉船“南海一号”是迄今为止发现的年代最早、船体最大、保存最完整的南宋初期远洋贸易商船。

景德镇瓷器生产图

金人的铁骑踏碎了文人士大夫的自尊，悲怆与激愤成为南宋初期文学作品的主旋律，这一时期，涌现出一批爱国文人。南宋中期，江山社稷逐渐稳定，文人们这才有心情写一些清丽的小词，连著名的理学家，也开始重视文学，甚至写下不少山水游记。悲歌的声音渐弱，吟风弄月之作逐渐多了起来。

文学往往来源于真实的社会生活，宋词也是如此。南宋末期，国家动荡，最终灭亡，生活在这种氛围下的文人们创作出来的文学作品，也往往充斥着悲情与凄凉。宋词在南宋时达到鼎盛，著名词人有辛弃疾、李清照（生于北宋，殁于南宋）、陆游等。

朱熹

朱熹与理学

朱熹十九岁考中进士，继而踏上仕途，他做官清正有为，振举书院建设。他是儒学集大成者，是继孔孟以来最杰出的儒家学者，被后世尊称为朱子。

朱熹作为中国古代伟大的客观唯心主义哲学家，他的思想承继前人，扬长避短，融合了佛、道、儒学说之长处，构建出一套完整的哲学理论。这套理论的核心就是“理”。朱熹认为，理就是宇宙的根本，是万物运行的规律，更是世道人心。天下万物，都应该遵循“理”，而与“理”相对的，是“欲”，于是朱熹提出“存天理、灭人欲”。这一思想十分适用于遭受创伤、民心不稳的宋朝，宋朝统治者用其来管理百姓，巩固政治。理学也就顺理成章成为官方哲学，影响深远。

宋慈与法医学

在古代，由于医学取证的技术落后，往往会出现很多冤假错案。南宋在法医学领域亦有突出成就，宋慈的《洗冤集录》成为世界上第一部法医学专著，比西方早三百五十余年。《洗冤集录》不仅奠定了中国古代法医学的基础，而且被奉为中国古代“官司检验”的“金科玉律”，并对世界法医学产生了广泛影响，中外法医界普遍认为是宋慈开创了“法医鉴定学”，尊他为世界法医学鼻祖。

宋慈

杂剧

热闹的勾栏瓦舍

宋代民间艺术演出场所“勾栏瓦舍”定期演出各种节目，受到百姓的欢迎，相当于今天的戏院。演出的内容主要是各类戏曲、说书和杂剧等等。看戏的人络绎不绝，据说当年杭州城里每天的戏剧观众可达两万至五万人，这可是一个相当庞大的数字了。

你知道吗？

济公

济公是南宋时期的高僧，相传他戴着破帽，拿着破扇，穿着破鞋和破衣，貌似疯癫。但他医术高明，好打抱不平，息人之争，救死扶伤，被后人尊称为“活佛”。

“王师北定中原日”

诗人陆游年少时就有一腔报国的热血，希望能够建功立业，为国分忧，因此他所作的诗词多是抒发政治抱负，反映民生疾苦的。陆游风烛残年之时，仍一心惦念着收复国土，临终前写下这一篇《示儿》，全诗情感真挚，又有着气吞残虏的气势。

你知道吗？

示儿

【宋】陆游

死去元知万事空，
但悲不见九州同。
王师北定中原日，
家祭无忘告乃翁。

译文：

我本知道，当我死后，人间的一切就都和我无关了；唯一使我痛心的，就是没能亲眼看到祖国的统一。

因此，当朝廷军队收复中原失地的那一天到来之时，你们举行家祭，千万别忘把这好消息告诉你们的父亲！

济公

大材小用

南宋有一位著名的爱国词人，名叫辛弃疾。当时金兵来犯，南宋朝廷分为两派，一派主张求和，一派反对求和。辛弃疾坚决主张抗金，结果遭到了朝中权贵的排挤，最终落得一个被罢官的下场。过了很长一段时间，辛弃疾又被朝廷起用，让他做了浙东安抚使兼绍兴知府，当时与他一同前往绍兴的，还有著名诗人陆游，两个人成了好朋友。辛弃疾虽然不在都城，却一直惦记着抗金的事情。功夫不负有心人，不久，宋宁宗将他召回京城，让他谈抗金的事宜，辛弃疾的抱负终于能实现了，好友陆游为他感到高兴，为此还在诗中写道：大材小用古所叹，管仲萧何实流亚。意思是说：辛弃疾现在只做个浙东安抚使实在是屈才了！“大材小用”这个成语由此而来，原意是指大的材料用在小处，使用不当，浪费材料，后也用以比喻用人不当，浪费人才。

柳暗花明

陆游是南宋的爱国诗人，他为官时由于多次主张抗金，被朝廷的主和派诬陷，说他整日饮酒作诗，不务正业，结果被皇帝免去官职，遣送回老家山阴县。在回家的途中，陆游顺路看望好朋友李浩，李浩刚被任命为知府，陆游一边为好友感到高兴，一边又为自己被罢官感到愤怒。最终，他回到了家乡，陆游的家在镜湖边上，这里山清水秀，绿树成荫。一天，陆游拄着拐杖外出散步，不知不觉走到一条狭窄的小路上，只见前面山重水复，好像无路可走了，又走了一段，忽然开阔起来，前面出现一座村庄。这个村庄景色十分秀丽，柳绿花红，村民热情地招待了他。回家以后，陆游就写了一首《游山西村》，诗中写道：山重水复疑无路，柳暗花明又一村。后来，这一句成为千古传诵的名句。“柳暗花明”来源于此，表示困难中遇到转机，错综复杂的情况下找到了解决问题的办法。

雪中送炭

南宋时期有一位善于写田园诗的诗人，名叫范成大，与杨万里、陆游、尤袤（mào）合称南宋“中兴四大诗人”。范成大幼年聪颖，十二岁的时候就读遍了经史书籍，十四岁就能写文章了，十八岁的时候，范成大在应试中名列前茅，此后及第登科，仕途一帆风顺。范成大为政期间赈灾民，捐课税，做过不少好事。晚年的时候，范成大辞官回家养老，他隐居在故乡石湖，称自己为“石湖居士”。范成大的一生写了很多脍炙人口的诗歌，被人争相传诵，他的诗歌被编著成《石湖居士诗集》，在诗集中，有一首《大雪送炭与芥隐》诗，其中有两句为：“不是雪中须送炭，聊装风景要诗来。”后来，人们从诗中取出“雪中送炭”一词，原诗中指在下雪天给人送炭取暖，后来比喻在别人遇到困难时给以物质上或精神上的帮助。

直捣黄龙

岳飞年轻的时候，跟随周侗学习武艺，周侗去世后，岳飞为了纪念他，每个月都要为周侗扫墓，从不遗忘。岳飞的父亲知道此事，对他说："报效祖国，也应该这样啊！"后来，岳飞就参军去了，从一个小兵做起。由于他骁勇善战，很快就脱颖而出，当上了将军。岳飞治军严明，从不允许手下的士兵拿百姓们一针一线，士兵们从来不敢到百姓家吃饭，也不敢去借宿。后来，人们就将岳飞统领的军队称为"岳家军"。岳飞率领岳家军奋战了十多年，收复了宋朝大片失地，他与金兀朮在朱仙镇一战，大破敌军，使得宋人志气高涨，金国占领区的人民奋起响应，岳飞预见收复中原指日可待，兴奋地对部下说："直抵黄龙府，与诸君痛饮尔！"黄龙府是金国的腹地。后来，人们就用"直捣黄龙"表示直接捣毁敌人巢穴。

东窗事发

相传，秦桧将岳飞下狱之后，在东窗下，和妻子王氏商量接下来如何处置岳飞。王氏说："抓住老虎容易，把它放走，再想把它抓住就很难了。"于是，秦桧将岳飞杀害了。后来，秦桧到西湖游玩，在船中睡着了，他梦见了一个披着长发的人，对他大声喊："你祸国殃民，我已经上告苍天，上天就要派人来捉拿你了。"秦桧醒来十分害怕，不久后，就生了一场大病死掉了。后来，他的妻子王氏梦见秦桧披枷带锁，委托他人告知自己说："东窗事发了！"这个故事反映了人们朴素的惩恶扬善的心理。"东窗事发"形容坏事败露了。

束手待毙

宋高宗赵构是宋朝的第十位皇帝，在他登基之前，金兵将宋朝的徽宗、钦宗俘虏了。宋高宗登基后，并不想收复失地，将他的父皇、兄长迎回来，只想躲在江南忍辱偷生，于是打算向金求和。他派使者去金国，表示自己愿意除去皇帝的尊号，只求太平。然而，宋高宗这种卑躬屈膝并不能换来和平，金军的铁骑再次南下，宋高宗只好仓皇而逃，打算到浙江去避难。在逃走之前，宋高宗还下了一封诏书，大意为：朕决定在十一月二十五日移驾，赶往浙西，这是为了迎战敌人的大计。希望我的将士和百姓们，能够记住国家的养育之恩，记住两位君主被俘虏的耻辱，大家与其束手待毙，不如齐心合力，一同对抗外敌来保存我们的国家。下诏以后，宋高宗就跑到南方去了。后来，人们从这封诏书中，提炼出"束手待毙"四个字，用来比喻毫不抵抗，乖乖被人捉住，或不想法应对，任由事态恶化。

元 朝

（公元1271年—公元1368年）

13世纪初，在蒙古草原上，生活着许多游牧民族部落。他们穿梭在草原和森林里面，靠着打猎和放牧为生。他们走到哪儿，就在哪儿建起蒙古包，让牛羊和骏马吃草喝水，那片草地草量不足时，他们会继续寻找下一片草原。这个游牧民族的男人们热情豪爽，大块吃肉大碗喝酒，擅长骑马射箭，骁勇善战。这个崛起于蒙古草原的民族，就是蒙古族。

1 —公元1206年— 成吉思汗

蒙古人骁勇善战，部落之间常常发生混战，时常为了争夺领地打得你死我活。后来，草原出现了一位少年英雄，他是一位有着钢铁意志的勇士，他统一了漠北，建立蒙古汗国后开始对外扩张。他就是“一代天骄”成吉思汗。

成吉思汗

蒙古铁骑

2 —公元1206年— 蒙古扩张

相传，狼是蒙古人的图腾。成吉思汗带领的蒙古军队更是像狼一样具有征服性，一旦蒙古军队出兵，就会像暴风骤雨一般，把敌人打得片甲不留，再把他们的城池洗劫一空。

这一系列的征服战争给包括中国在内的欧亚大陆众多古老文明带来了巨大的破坏。成吉思汗建立了巨型帝国以后，将国家划分为四大汗国，交给自己的儿子们来统治。

3 —公元1271年— 忽必烈建立元朝

成吉思汗是一位伟大的征服者，他创造了人类历史上最大的帝国版图。他去世之后，子孙们也继承了他征服世界的遗愿。但是为了汗位（也就是皇位），他的儿子们也互相争抢，一度朝政动荡。最终，汗位落在了成吉思汗的孙子忽必烈身上。

蒙古铁骑横扫欧亚大片土地，让欧洲国家闻风丧胆，西征的同时，他们又将目标锁定在东方的宋帝国。终于，在蒙哥大汗和忽必烈的步步紧逼下，宋朝周围的小国全部缴械投降，臣服于蒙古人。

公元1271年，忽必烈在大都（也就是今天的北京）称帝，建立元朝，实行行省制。元朝开始进一步的疆域扩张，紧逼位于南方的宋朝。

忽必烈

后期的忽必烈

4 —公元1274年— 元日战争

心高气傲的忽必烈在征服高丽以后，发现日本这个小国还没有来朝贡，于是他决定教训一下日本。公元1274年，忽必烈派出了九百艘战舰，声势浩大地远攻日本。蒙古士兵和日本武士在日本沿海展开了一场血腥的战争。击鼓鸣锣，杀声震天。不擅长海上作战的元朝军队，到达日本后战斗力下降。恰逢当夜台风刮翻了元军二百多艘兵船，元军连夜乘剩余船只撤退回国。公元1279年，元军征服南宋之后，于公元1281年春发动了对日本的第二次攻击，最终也是以失败告终。

张弘范

5 —公元1279年— 南下灭宋

公元1268年，元世祖发起灭宋之战，先派刘整与阿术率军攻打襄阳，史称襄阳之战。公元1278年，南宋朝廷退至广东厓山。公元1279年，张弘范在厓山海战中攻灭南宋海军，陆秀夫带着八岁的小皇帝赵昺投海而死，南宋灭亡。元朝统一中国，建立了我国历史上第七个封建大一统皇朝。

6 —公元1351年—
元末乱世

元朝第十一位皇帝元顺帝懒理朝政，荒淫无道。蒙古贵族趁机圈占耕地，将其变为牧场，老百姓失去了赖以生存的土地，赋税却加重了数倍。祸不单行，黄河地区水灾和旱灾接连不断，瘟疫蔓延，两岸百姓长期忍受饥荒和疾病。一时间饿殍遍地，哀鸿遍野，悲惨之状难以言表。为了扭转这种局面，元朝政府先是强征民工治理黄河，却克扣工钱，导致民怨纷纷。为了解决国库空虚的问题，又实行变钞之法，导致物价飞涨，这两个举措非但没有解决矛盾，反而加速了人民反抗的步伐。

7 —公元1402年—
元朝灭亡

反抗的烈火在人民心中燃起，终于，以红巾军为主力的农民起义军沉重打击了元朝在各地的统治。红巾军的将领朱元璋派大将徐达一路追击北伐，最终攻陷了元朝的都城——大都。元朝的皇帝退回大漠，建立了新的政权：北元。

为了彻底消灭元朝，朱元璋多次下令攻打北元，先后发动了六次北伐，但始终未能如愿。北元依然顽强地生存在大漠，甚至企图南下反攻。后来，分布在叶尼塞河上游沿岸的吉尔吉斯部族首领鬼力赤，通过各种手段取得了统治各部的霸权。北元的最后一个可汗坤帖木儿即位后也于建文四年（公元1402年）被鬼力赤杀死，从此北元彻底灭亡。

元朝的开辟者是“行在马背上、露宿苍穹下”的蒙古人，他们亦是被美国作家哈罗兰姆称作“人类的帝王”成吉思汗的子孙。这些来自草原的勇士凭借铿锵有力的马蹄、削铁如泥的弯刀，不仅征服了斯文柔弱的南宋王朝，更使中亚和欧洲等地区的国家臣服。这个由少数民族建立的统一的多民族王朝，在中国历史上洋洋洒洒地书写了九十八年的辉煌篇章。

元朝服饰

等级制度

打江山容易，守江山难。定都大都（今北京）的元朝政府，不仅要面对在文化、生活习惯方面都有很大差异的汉族人民，还要管理其他被征服的各族人民。为了统一管理，元世祖忽必烈按照民族成分、被征服的先后顺序以及归顺程度，将全国居民划分为四个等级，由高到低依次是蒙古人、色目人、汉人、南人。

这种分明的等级制度也体现在职业上。元朝社会最底层的人民要数“驱口”，驱口是通过战争俘虏来的人口，不但他们是主人的私有财产，连他们生的孩子也是。

蒙古人

色目人

汉人

南人

劝农与司农

当时，中原的百姓非常担心，逐水草而居的蒙古民族，是否能对农业一如既往地重视。这种担心并不多余，元朝建立之初，曾圈定了大片耕地，将其变为贵族的放牧乐园。不久，享受着中原广阔土地的蒙古人就发现，粮食的急剧减少使得人民四处逃窜，社会动荡不安，统治者这才意识到“国家以人民为本，人民以衣食为本”，于是开始采取一系列恢复农业的举措。

先是下令禁止蒙古贵族侵占农田，招募流民开垦荒地，接着寻找通晓农业种植的“劝农使”考察各地的农业，又成立“司农司”机构，专门管理农桑水利。除了专家的切身指导外，还有农耕技术的指导性书籍——《农桑辑要》以供参考。虽然元朝农业整体的生产力不如宋朝，但是基本能维持元朝人民的需求。

公主也来做买卖

奇怪的是，对农耕文明陌生的游牧民族，对商业却有着天然的重视。不管是蒙古诸王、大臣，还是后妃、公主，都直接或间接地参与到商业活动之中，而经商有道、善于理财的汉人也能因此获得一定的政治权力。不过，像金、银、铜、铁、茶、酒、醋等重要商品都要经由政府专卖，商人想要经营，只能从官府手里购买。连寺院、道观这样的宗教场所，也会开设旅店、浴室，用以赚取钱财。

元代不仅对国内贸易十分重视，对海外贸易也格外支持。忽必烈特意诰谕海外：“如果你们能来到我的元大都朝见我，我会送给你们礼物。如果你们想和中国做生意，完全没有问题！”如此开放的政策，使得中亚、欧洲、南洋的商人接踵而来，元朝一跃成为当时世界上相当富庶的国家，以至于很多外国商人被它的物质文明深深吸引，买田盖房，到这里定居。为了方便海外贸易，忽必烈又下旨发行交钞纸币，虽然出现了通货膨胀的现象，但整体来说，对商品贸易起到了促进作用。

来自漠北的蒙古统治者，具有草原一般广阔的胸襟，自入主中原建立元朝后，这种胸襟更加体现在对各派文化的包容之上。元朝统治者将程朱理学定为官学，同时对其他各派思想也不排斥。在这种宽松的文化环境下，元代出现了与唐诗、宋词比肩的“元曲”。除了各民族文化在元朝交汇融合，中外交流也十分频繁。许多欧洲人前来旅游，而且有机会在朝堂上占有一席之位，来自威尼斯的马可·波罗就是其中一位。

黄道婆的故事

黄道婆自幼家境贫寒，十几岁的时候为了给母亲下葬，卖身给别人家做童养媳。在婆家受尽折磨，她常常遭到丈夫的毒打。后来黄道婆趁丈夫一家不注意逃了出来，搭上一条南渡的船，几经辗转到了海南，黄道婆就在那里落了脚。聪明伶俐的她开始学习当地黎族人民的棉纺织技术。她勤快灵活，又爱钻研，很快就精通了纺织技术。想到家乡没有这么好的纺织技术，黄道婆便惦记着回家去。时隔二十载，黄道婆回到了松江（今上海市内），将所学毫无保留地教给乡亲们。她善于总结和思考，改进了纺织工具，大大提高了纺织效率和纺织品的质量，最终成为我国纺织业的先驱人物。

天文学的跨越

与汉代君主讲究的“天人合一”略有不同，元代君主对“天”的尊敬更带有原始性，每事必拜天，极其注重通过天象来预测吉凶，这直接推动了元代天文学的发展。元朝统治者在全国建立了二十七个测景台用以观察天象，此外还设立了上都司天台，放置中外顶尖的天文仪器，中外天文学家在此研究讨论，而司天台管理者竟然是一位波斯人。

元朝著名的天文学家有郭守敬、王恂、耶律楚材、扎马鲁丁等人。郭守敬等人自至元十三年（公元1276年）起，奉命修订新历法，历时四年制定出了通行三百六十多年的《授时历》，成为当时世界上最先进的一种历法。为修订历法，郭守敬还改制、发明了简仪、高表等十二种仪器。

郭守敬

《农桑辑要》

元朝出现了草原游牧文明与中原农耕文明的碰撞，当时，战后的元朝土地荒芜，变耕为牧的政策使农业遭到极大破坏。元朝统治者很快就意识到恢复农业生产的重要性，命官府撰刊总结性的农业书籍用以指导生产，于是有了《农桑辑要》。此书总结了自北魏以来的农业生产技术，内容详尽，又简单易懂。在此书指导下，黄河流域的农业迅速恢复。《农桑辑要》以其极高的使用价值，最终被收入《四库全书》。

黄道婆

马可·波罗

中世纪的欧洲人相信“中国遍地是黄金”，这一想法来源于威尼斯的旅行家马可·波罗。据记载，马可·波罗于公元1275年同他的父亲、叔父一同到达元朝大都，拜见了元世祖忽必烈，此后，开始了长达十七年的中国之游，直到公元1292年初才随波斯使臣回国。公元1298年，马可·波罗在参加与热那亚的海战时被俘入狱。在狱中，马可·波罗向狱友讲述了在中国的所见所闻，狱友将其记载整理，最终形成了震惊欧洲的《马可·波罗游记》。游记记载了中国四十多个城市，字里行间流露出对中国的崇拜与向往，更新了欧洲人对中国的认识，促进了中西交流。

马可·波罗

填空题（共20题，每道题2分）

《资治通鉴》的作者是________。

“王师北定中原日”一句出自诗人陆游的________。

元朝的建立者是________。

中世纪的欧洲人相信“中国遍地是黄金”，这想法来源于威尼斯的旅行家________。

明朝科学家________所著的《天工开物》堪称科全书式的科学巨著。

郑和的西洋之行前后共计______次。

2007年打捞出的南海沉船“__________”是迄今止发现的年代最早、船体最大、保存最完整的宋初期远洋贸易商船。

被尊为世界法医学鼻祖的人是______。

“一代天骄”指的是______。

.《农桑辑要》以其极高的使用价值，最终被入________。

.“元曲四大家”分别是关汉卿、白朴、郑光和________。

12.我国四大名著之一的________是曹雪芹所著的。

13.被欧阳修称赞“他日文章必独步天下”的人是______。

14.明朝时期，万历首辅________实行一系列改革，推行“一条鞭法”。

15.______改进了纺织工具，大大提高了纺织效率和纺织品的质量，最终成为我国纺织业的先驱人物。

16.______被认为是世界上最早出现的纸币。

17.“绘声绘色”一词，出于清朝吴敬梓的________。

18.辛弃疾是______派词人的代表。

19.金国是由______族建立起来的。

20.明朝时期，燕王朱棣率兵南下，最终夺取皇位，这一战史称“________”。

参考答案：

1.司马光 2.《示儿》 3.忽必烈 4.马可·波罗 5.宋应星 6.七 7.南海一号 8.宋慈 9.成吉思汗 10.《
库全书》 11.马致远 12.《红楼梦》 13.苏轼 14.张居正 15.黄道婆 16.交子 17.《儒林外史》 18.豪
19.女真 20.靖难之役

三、判断题（共10题，每道题2分）

1.明熹宗喜欢做些木匠活，被称为“木匠天子”。（ ）

2.《西游记》的作者是施耐庵。（ ）

3.狄青是北宋时期大将。（ ）

4.宋代制瓷分为官窑和民窑。（ ）

5.明朝是中国历史上最后一个大一统的封建王朝。（ ）

6.“澶渊之盟”是北宋与辽国签订的盟约。（ ）

7.《天净沙·秋思》是关汉卿的作品。（ ）

8.“闯王”指的是李自成。（ ）

9.江西景德镇制造的青白瓷，极其精美，被称为“饶玉”。（ ）

10.宋江、方腊起义发生在明代。（ ）

参考答案：

1.√ 2.× 3.√ 4.√ 5.× 6.√ 7.×
8.√ 9.√ 10.×

历史常识知识检测

北宋—清代

题号	一	二	三	总分
得分				

一、选择题（共20题，每道题2分）

1.历史上有名的书画皇帝指的是（ ）。
A.宋徽宗 B.宋钦宗 C.宋神宗 D.宋太祖

2.《梦溪笔谈》的作者是（ ）。
A.宋慈 B.朱熹 C.司马光 D.沈括

3.《窦娥冤》是（ ）的代表作之一。
A.白朴 B.关汉卿 C.郑光祖 D.马致远

4.明代号称“江南第一才子”的是（ ）。
A.沈周 B.唐寅 C.仇英 D.董其昌

5.《聊斋志异》的作者是（ ）时期的小说家蒲松龄。
A.元朝 B.明朝 C.清朝 D.北宋

6.以下为宋代婉约词派代表人物的是（ ）。
A.李清照 B.苏轼 C.辛弃疾 D.李白

7.明朝的建立者是明太祖（ ）。
A.朱棣 B.朱祁镇 C.朱元璋 D.朱厚照

8.《本草纲目》的作者是（ ）。
A.李时珍 B.董其昌 C.华佗 D.徐霞客

9.包拯是（ ）时期的名臣。
A.汉朝 B.唐朝 C.西晋 D.北宋

10.《南京条约》是（ ）年签订的。
A.1840 B.1841 C.1842 D.1843

11.（ ）是中国古代编年体史书的最高成就和总结性作品。
A.《资治通鉴》 B.《史记》 C.《水浒传》 D.《西游记》

12.厓山海战中，负帝投海的人是（ ）。
A.张世杰 B.张弘范 C.贾似道 D.陆秀夫

13.土木堡之变发生在（ ）时期。
A.唐朝 B.宋朝 C.明朝 D.清朝

14.（ ）是明朝永乐年间，由姚广孝以及内阁首辅解缙总编的一部中国古典集大成的旷世大典。
A.《永乐大典》 B.《三国演义》
C.《天工开物》 D.《农桑辑要》

15.“明四家”分别是沈周、文徵明、唐寅和（ ）。
A.黄公望 B.仇英 C.施耐庵 D.倪瓒

16.（ ）开一代书画新风，最先提出“南北宗”论。
A.唐寅 B.齐白石 C.董其昌 D.顾恺之

17.济公是（ ）时期的高僧。
A.南宋 B.北宋 C.明朝 D.唐朝

18.宋高宗赵构是宋朝的第（ ）位皇帝。
A.八 B.九 C.十 D.十一

19.“扬州八怪”之中，以画竹而闻名的是（ ）。
A.吴道子 B.朱耷 C.齐白石 D.郑燮

20.徐霞客是（ ）朝著名的地理学家、家。
A.明 B.元 C.清 D.宋

考答案：
.A 2.D 3.B 4.B 5.C 6.A 7.C 8.A 9.D 10.C
.A 12.D 13.C 14.A 15.B 16.C 17.A 18.C 19.D
.A

辉煌的元曲

现在我们经常说的“唐诗宋词元曲”中的“元曲”就是指元朝的戏曲。元曲分为散曲与杂剧，散曲以抒情为主；杂剧是元代的歌剧。关汉卿、白朴、郑光祖、马致远四位元代杂剧作家代表了元代不同时期、不同流派杂剧创作的最高成就，因此被称为“元曲四大家”。

散曲里面非常有名的是马致远的作品《天净沙·秋思》，刻画出一幅秋郊夕照图，情景交融，色彩鲜明，被称为“秋思之祖”。

杂剧有名的作品有《窦娥冤》《拜月亭》《汉宫秋》《梧桐雨》《西厢记》《倩女离魂》，主要表现社会与生活情况，歌颂历史人物与事件，强调人物的情感。元曲日渐兴盛，最后成为与汉赋、唐诗、宋词并列的中国古代优秀文学遗产。

关汉卿与《窦娥冤》

作为元曲四大家之首，关汉卿用他的如椽之笔，创作出数十部酣畅淋漓、震撼人心的杂剧。他的作品基于现实，多反映下层百姓的悲欢离合，在风格上俗不脱雅，不离道德人伦。

关汉卿

《窦娥冤》是关汉卿的代表作之一，讲述了一位叫窦娥的女子一生凄苦，含冤而亡的悲剧故事。作品既选取现实主义的素材，又有浪漫主义的想象，极大地引起读者共鸣。

关汉卿通过极力渲染窦娥之冤惊天动地，来反映当时贪官污吏横行、世道不公的社会现实，用以唤醒人们的良知，激发人们与命运抗争之心。《窦娥冤》以其震撼的艺术魅力，成为元杂剧悲剧的典范。

“元六家”

元代的赵孟頫（fǔ）、高克恭、黄公望、吴镇、倪瓒（zàn）、王蒙在书画艺术领域各有建树，影响明清、波及现当代，被合称为“元六家”。特别是赵孟頫，能诗文、善书画、擅金石、通音律、懂鉴赏，而且书法各体兼长，尤以遒劲、秀逸、结体严整、笔法圆熟的楷书见长，与欧阳询、颜真卿、柳公权并称“楷书四大家”。

捏一把汗

元朝有个读书人叫赵壁，他自幼饱读诗书，十分有才华，也十分耿直。元世祖忽必烈还没有当皇帝的时候，就听说过赵壁的名声，尊称他为“秀才”，后来，忽必烈为了表示对他的器重，又派给他三名书童，每年都要赐给他很多银两，连赵壁的衣服，都要专门给他定制。忽必烈这样对他，是因为赵壁对儒家经典十分精通，是为了学习中原文化。后来，忽必烈把赵壁推荐给自己的哥哥元宪宗。元宪宗询问赵壁如何治理天下，赵壁直言不讳：“要想治理好天下，先要将您身边的小人杀掉。”元宪宗认为赵壁是在讽刺自己任人不贤，很不高兴。忽必烈见了，马上对赵壁说：“你的胆子可真大啊，对皇帝这么说话，让我替你担心得捏一把汗啊！”“捏一把汗”用来形容紧张不安的心情。

六月飞雪

关汉卿是元代著名的戏曲作家，他最为出名的作品当数《窦娥冤》，此作堪称元杂剧悲剧的典范。故事讲述了一位名叫窦天章的穷书生，为了还高利贷将女儿窦娥卖给了蔡婆婆做童养媳。窦娥十分命苦，没到两年夫君早死。当地的泼皮张驴儿想要强娶窦娥，于是在蔡婆婆汤中下药谋害她，不料却害死了自己的父亲。张驴儿诬陷是窦娥所为。昏官宣判将窦娥处斩。行刑那天，窦娥发下誓愿，如果自己是清白的，那么血溅白练、六月飞雪、大旱三年。窦娥死后，忽然下起了大雪，此时正值六月，人们都惊诧不已，为窦娥感到冤屈。后来，窦天章中了科举，做了大官，他听到此事，既悲愤又伤心，回到楚州彻查此事，为女儿平反。后来，根据《窦娥冤》这个故事，人们就用“六月飞雪”比喻冤狱。

我心有主

元代有一位大学者名叫许衡，是当时有名的理学家、教育家。他自幼勤学好问，天资聪颖，每次遇到难题都要刨根问底。许衡十分注重伦理纲常，为人恭谨，来向他求学的人很多。一次，许衡外出办事，正好赶上烈日炎炎，嗓子被烤得冒了烟。这时，他看见路边有一棵梨树，上面挂满水灵灵的梨子。其他人都一窝蜂地挤上去摘梨子解渴，只有许衡站在那里不动。行人不解地问：“你不渴吗？为什么不摘梨子吃啊？”许衡回答：“那是别人的梨子，我怎么能不经过别人的同意，就去随便摘呢？”行人都笑他：“现在世道这么乱，皇帝宝座都不知道是谁家的呢，谁知道这梨是谁家的呢？不吃白不吃！”许衡摇摇头，郑重其事地说：“梨虽无主，我心有主。”后来，人们用“我心有主”比喻做事就必须有自己的主见。

斗转星移

天上的星辰是银河系中其他星球反射或发出的光，到达地球被人们看见。随着地球的自转及围绕太阳的公转，就会形成在不同时间、不同季节的夜里，出现不同星辰的现象。古时候，人们观测夜晚时间变化，主要是看北斗七星，古代中国人把这七颗星联系起来，想象为古代舀酒的斗形。北斗星在不同季节和夜晚的不同时间出现于天空的不同方位，人们经过进一步探索，发现天上所有的星星，只有北极星是相对不动的，而其他星星都围绕北极星转动，也就形成了“斗转星移”的现象，以此观察时间。元朝马致远在《陈抟高卧》第三折中写道：“直睡的陵迁谷变，石烂松枯，斗转星移。”后来，“斗转星移”这一天文现象，用来形容季节或时间的变化，也用来形容时间过得飞快，光阴稍纵即逝。

墙头马上

元代著名的杂剧作家白朴，与关汉卿、马致远、郑光祖并称为“元曲四大家”。他的代表作《墙头马上》写了一对青年男女的故事：尚书的儿子裴少俊奉命到洛阳去买花苗，偶然间遇到总管的女儿李千金，二人一见钟情，私订终身。李千金藏在裴家的后花园七年，与裴少俊生下一儿一女，裴家的长辈却毫不知情。纸包不住火，终有一日裴家知道了此事，裴父对这门私订终身的婚姻并不认可，因为当时古人认为“聘则为妻，奔则为妾”，认为李千金行为不检，于是将李千金赶出了家门。裴少俊为了重娶李千金，努力考取功名。这时，裴父也得知了李千金是自己好友的女儿，亲自登门向李家道歉，最终又将李千金迎回家中。后来，人们用“墙头马上”形容青年男女约会的地方。

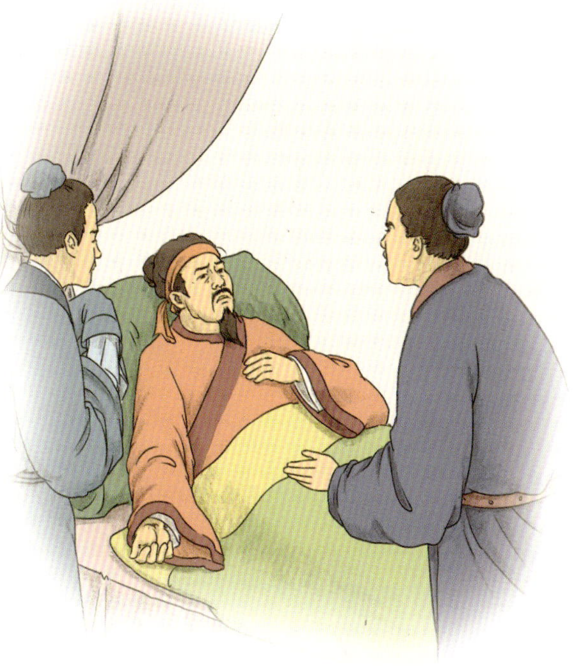

见义勇为

元朝宰相廉希宪自幼为人善良，勤学好问，他十九岁的时候，就被元世祖忽必烈召见，询问治国策略。元世祖见他怀里鼓鼓的，好像装了什么东西，就问他是什么。廉希宪便从怀中掏出一本《孟子》来，元世祖对他刮目相看。后来，忽必烈任命他当了京兆宣抚使，负责管辖各民族的混居地，由于政绩不错，后来又将他召回，让他做了宰相。廉希宪上任后的第一件事，就是劝元世祖铲除身边的宦官，不要任用小人。廉希宪为人正直，以身作则，连皇亲国戚都敢惩治。后来，廉希宪病重，知道自己不久于人世，于是把儿子叫到跟前，叮嘱他说：“真正的男子汉应该不计较个人的得失，勇于去做正义的事。”“见义勇为”用来形容勇于去做正义的事。

明　朝

（公元1368年—公元1644年）

1 —公元1368年— 朱元璋建明

明太祖朱元璋自幼家贫，父母兄弟因饥荒相继去世，经过一段出家、乞讨的日子后，朱元璋开始跟随郭子兴参加反元战争。朱元璋见识深远，虽然得到郭子兴的重用，却认为他不足与谋。朱元璋想要效仿汉高祖刘邦谋略天下，于是与好友徐达、汤和等人发起南攻。面对元军和其他割据势力的威胁，朱元璋接受属下“高筑墙，广积粮，缓称王”的建议，不断壮大自己的势力，最终一统江南。洪武元年（公元1368年），朱元璋在南京称帝，是为明太祖，国号定为“明”。

2 —公元1368年— 明军北伐

明太祖登基后，开始准备北伐，他下旨说：“中原的百姓，受群雄割据之苦很久了，都过着颠沛流离的日子，所以我派兵北征，解救百姓于水火之中。”洪武元年八月，徐达攻入元大都（今北京），元顺帝带着后妃、太子北逃，元朝在中原的统治结束了。洪武四年（公元1371年），朱元璋下令攻打夏国，夏主投降，直至洪武二十年（公元1387年）平定辽东后，天下基本统一。

3 —公元1380年— 胡蓝之狱

出身贫苦的明太祖朱元璋，登基后分封开国功臣，却又对手握大权的臣子十分忌惮。丞相胡惟庸因为善于揣摩太祖心思而受到重用，日渐骄纵，连生杀大事都不上奏，贿赂他的人不可计数，因此受到朝臣弹劾，最终被下旨诛杀，受牵连的王公贵族及家属多达三万人。开国功臣蓝玉也因霸占民田被捕，不仅全家被杀，而且牵连人数达到一万五千人。这两起案件合称为“胡蓝之狱”，是明太祖加强皇权的政治手段。

4 —公元1399年— 靖难之役

明太祖一面打压权臣重将，一面将自己的儿孙们分封到各地做藩王，用以维护中央集权。太子朱标英年早逝，皇位继承人落到了太子之子朱允炆（wén）身上。此时，各地藩王势力膨胀，以燕王朱棣最为强盛。朱允炆即位后，想要用削藩解除威胁，这更加引起了燕王的反叛之心。建文元年（公元1399年），燕王朱棣以“清君侧、平定叛乱”为名，率兵南下，最终夺取皇位，这一战历时四年，史称“靖难之役”。

5 —公元1421年—
朱棣迁都

明太祖朱元璋建立明朝时，虽然以南京应天府为都城，但一直心系北方。明成祖朱棣即位后，也想将都城迁到北方。永乐元年（公元1403年），明成祖下旨将北平改为北京，先让农民和富户移居到北方发展，然后挖通河道，运转物资，为迁都做准备。自永乐四年（公元1406年）起，明成祖下令仿照南京宫殿建造北京宫殿，直至永乐十八年（公元1420年）基本建成，并于次年正式迁都北京。从此这座宫殿建筑群见证了中国最后两个封建王朝的兴衰，它后来被称为“紫禁城”。

6 —公元1449年—
土木堡之变

明朝第六位皇帝英宗朱祁镇在位时，漠北蒙古的瓦剌国逐渐强大起来，经常骗取明朝的赏赐，引起了明朝廷的重视。正统十四年（公元1449年），瓦剌在太师也先的率领下，先发制人，进攻明朝边境。明英宗在宦官王振的建议之下，让其弟朱祁钰留守朝堂，自己带领几十万大军御驾亲征，结果因为战略上的失误，明军在土木堡一带全军覆没，英宗也被俘虏。这一战，史称“土木堡之变”。

7 —公元1449年—
北京保卫战

明英宗朱祁镇被南犯的西部蒙古族瓦剌军俘虏后，朝堂乱作一团，民间人心惶惶。英宗之弟朱祁钰主持大局，为了挫败瓦剌用英宗做要挟的阴谋，朱祁钰于九月即位。恼羞成怒的瓦剌军直奔北京，此时，朝臣分为两派，一派主张南逃避难，以于谦为首的主战派则强烈要求保卫北京。在于谦的带领下，各地士兵、百姓也誓死反抗，大败瓦剌。景泰元年（公元1450年），瓦剌先将掳去的明英宗释放，又承认了与明朝的臣属关系。

戚继光

8 —公元1555年— 戚继光抗倭

明世宗在位时期，宦官严嵩把持朝政，东南沿海防御薄弱，倭寇勾结地方官员屡屡侵犯百姓，掠夺财物。嘉靖三十四年（公元1555年），朝廷派大将戚继光率军抗倭。戚继光训练出一支军纪严明、英勇无敌的“戚家军”，先后击退浙江、福建、广东等地的倭寇，使东南沿海地区恢复了安宁。

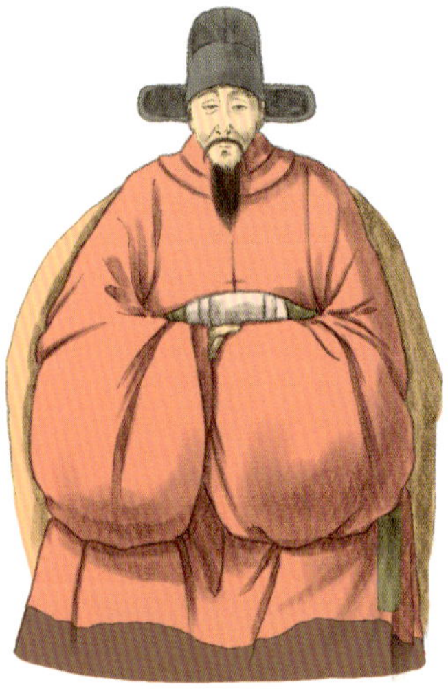

张居正

9 —公元1573年— 张居正改革

明朝中期，土地兼并严重，百姓不堪贵族地主的剥削，接二连三发动起义。为了扭转这种局面，万历首辅张居正开始实行一系列改革，推行“一条鞭法”，将田赋、徭役和其他杂税合并为一条，减轻农民负担的同时，也增加了政府收入。此外，张居正整饬军队，改善吏治，严格监督各级官员，这一系列改革使大厦将倾的明朝又恢复了生机。

10 —公元1598年— 助朝抗日

公元1588年，丰臣秀吉基本统一日本后，想通过对外扩张解决国土狭小的问题。他给朝鲜国王李昖（yán）写信，想要借道朝鲜进入中国，却没有得到回应，因此于万历二十年（公元1592年）侵入朝鲜都城。朝鲜国王向明朝求助，明神宗让辽东总兵李如松率领四万人马前去援朝，最终击退日军。此后，日本仍不断侵袭朝鲜，援朝的明朝将领很多牺牲在了异国他乡。

11 —公元1604年— 东林党争

明熹宗喜欢做些木匠活，被称为“木匠天子”，朝政大权于是落到宦官魏忠贤手里。那些附和魏忠贤的人结成一派，被人称为“阉党”。东林党则是以江南士大夫为主的官僚政治集团。天启四年（公元1624年），东林党人杨涟向皇帝陈述魏忠贤的二十四条罪状，遭到魏忠贤的打击报复，大肆逮捕东林党人，对他们进行了诬陷逼供。直到崇祯皇帝即位时，魏忠贤被流放，东林党人才恢复了名誉。

12 —公元1616年— 后金崛起

正当明朝受到蒙古和日本的侵扰之时，东北的女真族趁机壮大起来。公元1616年，努尔哈赤建立后金，后金日渐强大以后，不再承认与明朝的隶属关系。后来，金军南下进攻辽东，兵部主事袁崇焕自愿请兵镇守辽东，明熹宗同意了。袁崇焕善于防守，运用火药和火炮等先进武器，将强大的金军阻击在宁远城，努尔哈赤含恨而终。皇太极即位后，对明思宗朱由检使用反间计，最终，忠臣袁崇焕却被以谋反的罪名凌迟处死了。

袁崇焕

13 —公元1629年— 李自成起义

崇祯年间，土地兼并严重，天灾不断，老百姓食不果腹，还要向官府交纳粮食。农民李自成，胆识过人，有一身好武艺。崇祯二年（公元1629年），李自成起义，后来成为高迎祥部下的闯将。高迎祥牺牲后，李自成就成了闯王。为了取得百姓的支持，他四处宣传“开了城门迎闯王，闯王来了不纳粮”。饥民纷纷前来投靠，起义军的队伍迅速扩大到几十万人马。

14 —公元1644年— 崇祯自缢

崇祯十四年（公元1641年），李自成带领起义军冲进洛阳，处决了福王朱常洵，鼓舞了士气，预备直取京师。崇祯十七年（公元1644年）正月，李自成建国，国号为“大顺”。同年三月，大军攻到北京城下，北京城中的军民除了逃窜便是投降，崇祯皇帝深感绝望，最终在煤山（今景山公园）的一棵老槐树上自缢身亡。至此，明朝灭亡了。

李自成

铜胎掐丝珐琅花果纹三足炉

元朝末年奸佞当道，民不聊生，农民战争四起。牧童出身的朱元璋在起义军的队伍中崭露头角，最终扫灭群雄，建立了大一统的朱明王朝。明朝在历史上是怎样的盛景？康熙帝曾用四个字来描述：“治隆唐宋。”这意味着大明王朝比盛世大唐与繁华两宋还要更胜一筹。

富有的明朝

明朝建立之初，明太祖就下令释放奴隶，限制僧尼，将众多劳动力归还给土地，鼓励开垦的同时又兴修水利，使得经济快速发展。掌握技艺的手工匠人曾在元朝饱受冷遇，明政府却发给他们工钱，供给他们膳食，更重要的是给了他们人身自由。手工业的蓬勃发展，城市的迅速增多，工商业的繁荣，加之后期解除海禁的政策，最终将明朝打造成了世界贸易之国中的佼佼者。

《西游记》

《西游记》以唐僧玄奘取经的真实历史事件为蓝本，并赋予其神话传说的故事性。天庭仙府、地府龙宫、高高在上的众位神仙、神通广大的美猴王、各怀绝技的妖魔鬼怪，看似奇幻不经，却是幻中有实，生动地反映了当时的政治与社会现实。

《三国演义》

《三国演义》是中国第一部长篇章回体历史演义小说，作者罗贯中选取风起云涌的三国时期为背景，以正史为根据，博采历代小说、传闻，用绝佳的文辞创作了这部历史演义之典范，为后人展现了一幅气势恢宏的历史画卷。

《水浒传》

《水浒传》以宋江起义为主线，塑造了性格各异的一百零八位好汉，打虎的武松、倒拔垂杨柳的鲁智深等形象深入人心，以此成为了英雄传奇小说的典范。

《牡丹亭》

《永乐大典》

明朝永乐年间，由姚广孝以及内阁首辅解缙总编的一部中国古典集大成的旷世大典，初名《文献大成》，是中国百科全书式的文献集。

市民化的明代文学

元末社会动荡不安，民生疾苦，百姓盼望着英雄的出现。明朝的文学家们肩负着时代使命，将历史故事加工演义，或创作出侠肝义胆的绿林故事，或极力刻画市井民俗。他们描写的对象，一半是英雄，一半是平民。市民是他们忠实的读者，富人们坐在茶馆里听书，平民也趁如厕的空当儿读上几页。群众所喜闻乐见的戏曲有了新的发展，剧作中最负盛名的是汤显祖所创作的《牡丹亭》。

明朝时期民间通俗文学的代表作，要数“四大奇书”——《三国演义》《水浒传》《西游记》《金瓶梅词话》，这四部小说构思精妙，语言通俗，各有千秋。

平时以诗文为雅的宫廷贵族，原是以读这种俗文为耻的，然而出身于平民的明太祖朱元璋本就对这种通俗文学有着天然的亲近感，屡次违反自己所定下的禁令，因此大臣们也随波逐流，都读起了通俗文学。

“明四家”

明代画家辈出，其中沈周、文徵明、唐寅、仇英被称为“明四家”。这四人都喜欢画山水，但各有所长。唐寅号称江南第一才子，颇通诗文，因此画作题材广泛；文徵明在书法上很有造诣，因此画中笔墨苍劲；仇英擅长画人物；沈周则以质朴的山水画著称。

此外，董其昌开一代书画新风，对后世影响很大。特别是他最先提出的“南北宗”论，成为后来三百多年文人画创作的主导思想。

自然科学

药圣李时珍所著的《本草纲目》被英国人称作“明代最伟大的科学成就”。李时珍生活在医药世家，成年后一直和父亲一起悬壶济世。在治病中，他发现医药典籍中有很多缺失以及错误的地方，于是决心对其加以整理和补充。经过二十七年的呕心沥血，李时珍终于完成了这本闻名世界的《本草纲目》。

明代著名的地理学家、旅行家徐霞客自二十二岁开始巡游山川，足迹遍布大江南北，花费了三十多年时间，最终著成六十多万字的《徐霞客游记》。

数学

明代进士徐光启在数学、天文、农业等众多科学领域都有突出成就。公元1606年，徐光启和传教士利玛窦共同翻译古希腊数学家欧几里得所著的《几何原本》，在中国数学史上添上了重要的一笔。

天文

明朝时制作出的浑天仪是中国现存最早的天体运动演示仪器，也被称为“浑象”。它能够演示太阳、月亮以及其他星象的运动轨迹，让人们即使在白天也能知道星星和月亮的所在位置。

郑和下西洋

郑和宝船

郑和船队中最大的海船，据《明史·郑和传》记载，郑和宝船长一百四十八米，宽六十米，是当时世界上最大的木帆船。

物理

明朝科学家宋应星所著的《天工开物》堪称百科全书式的科学巨著，内容广泛，无所不有，和人民的生活息息相关。更为可贵的是，书中对一些自然现象加以科学的解释，破除了人们以往的某些迷信观念。

外交

明成祖在位期间，经济繁荣、国力强盛，出现了“永乐盛世”。为了向海外显示中国的富有，明成祖派他的心腹太监郑和出海访问西洋各国。郑和接到这个光荣使命后，立即准备舰船。出海的使团人数众多，不仅有官员和士兵，还有农民、医生和翻译。公元1405年，郑和船队从江苏太仓刘家港起锚出海，开始了第一次远航，尽管在途中遇到了海盗的偷袭，郑和还是出色地完成了访问。郑和的西洋之行前后共计七次，途经三十多个国家，在第七次归海的途中，郑和不幸去世，时年六十岁。郑和为中国航海事业做出的贡献，为后世的外交奠定了一个良好的基础。

两袖清风

于谦是明朝著名的英雄，他深得明宣宗赏识，被破格提拔为河南、山西巡抚。于谦生活简朴，十分清廉。后来英宗即位，宦官王振勾结内外大臣，为所欲为，臣子们都对他阿谀奉承，只有于谦刚正不阿，从不对他溜须拍马，因此王振对于谦怀恨在心。当时，朝廷流行送礼的习俗，外出官员办事，都会带回一些礼品送给王振或其他官员。有一次，于谦从外地回京，身边的人劝他也带回一些土特产。于谦甩了甩袖子，说："我只要带回两袖清风就行了。"回家之后，他还写下了一首《入京》明志：绢帕蘑菇与线香，本资民用反为殃。清风两袖朝天去，免得闾阎话短长。诗的大意是：绢帕、蘑菇、线香本是百姓用品，现在反而成为祸害；我去朝见天子不带任何东西，免得让别人说闲话，议论纷纷。"两袖清风"指的是衣袖中除清风外，别无所有。比喻做官廉洁，也比喻穷得一无所有。

一丝不苟

明朝时，为了保证农业生产，皇上下令禁止宰杀耕牛。一天，一个叫张静斋的乡绅与举人范进相约去拜访当地的知县汤奉。知县摆下酒席招待他们。这时，有一位老人给知县送来五十斤牛肉，知县不知道该不该收，就问张静斋："你也是做过官的，如果换作是你，你收还是不收呢？"张静斋连连摇头，说："千万不能这样做，以前洪武年间，江南的张士诚给刘伯温送来了一坛金子，结果被皇上发现了，最终将刘伯温贬官。"汤知县听到这儿，大惊失色，赶紧问对策。张静斋说："你应该把刚才来给你送牛肉的人抓起来，然后作为惩治的典型，如果上司知道你这样一丝不苟，那么你离升官发财就不远了。""一丝不苟"形容做什么事都认真，连最细微的地方也不马虎。

成人之美

明朝有一位作词家，名叫谢榛，他作的歌词，在民间广为流传。美中不足的是，谢榛瞎了一只眼。万历元年（公元1573年）的冬天，孙穆王招待谢榛，为了助兴，孙穆王便让自己的宠姬贾氏在帘后弹唱，贾氏唱的正是谢榛曾经作的一首《竹枝词》，谢榛听见是自己写的词，又觉得此人唱得动听，不知不觉地走了神。孙穆王见他这个样子，就命贾氏出来，让她把谢榛所作的歌词都唱了一遍，谢榛十分高兴，起来说："夫人所唱的，不过是在下粗浅之作。我明日再给府上写几首好的。"第二天，谢榛又奉上新作的十四首词，孙穆王让贾氏把它们一一谱曲弹唱。贾氏和谢榛两人配合得十分默契，孙穆王心中有了主意。第二年元旦，他将贾氏送给谢榛。世人听说这件事，都说孙穆王成人之美，有君子风度。"成人之美"指成全人家的好事。

班门弄斧

明朝诗人梅之焕十分崇拜李白，有一次，他来到采石矶凭吊李白，来到李白的墓碑旁，梅之焕发现墓碑上被人写上了很多诗句，仔细读来，这些诗句都是附庸风雅，毫无文采。梅之焕十分生气，也提笔写了一首诗：采石江边一堆土，李白之名高千古。来来往往一首诗，鲁班门前弄大斧。鲁班，又叫公输班，是春秋时鲁国人，传说他是一位能工巧匠，技艺举世无双，善于雕刻木艺，能做出各种稀奇的玩意儿来。“班门弄斧”这个词最初的雏形是柳宗元的“操斧于班、郢之门，斯强颜耳”。“班门弄斧”讽刺那些不自量力，在行家门前卖弄本领的人。梅之焕讽刺那些在李白墓前乱写诗的人，是“鲁班门前弄大斧”，“班门弄斧”就此流传下来。

白头偕老

明朝有一个善于写剧本的人，名叫陆采。他少年时放荡不羁，谋了一份不大不小的差事，担任校官，他压根不把这份工作当回事，日夜与人畅饮高歌，更别说将考取功名、建功立业的大事放在心上了。陆采喜欢远游，曾经东登泰山、岱山，南越过岭峤，游过武夷山，看遍山川大河，有了很深的阅历。他十九岁的时候，写了一篇《明珠记》，写完后，就叫精通音律的人逐腔改定，又让伶人上台表演，经过反复修改，才敲定了终稿。除了《明珠记》以外，他还作了《南西厢》《怀香记》《分鞋记》等。结婚祝词“白头偕老”就是出自《怀香记·奉诏班师》：“孩儿，我与你母亲白头偕老，富贵双全。”后来，人们就用“白头偕老”来祝福新人长长久久，也祝福夫妻共同生活到老。

一气呵成

胡应麟是明朝著名的学者、诗人和文艺批评家，在小说、戏剧学方面很有成就。胡应麟五岁的时候就能背书，九岁的时候跟随乡间私塾老师学习经学，十六岁就成为秀才，被称为“天下奇才”。胡应麟写了很多诗文和评论，其中最为著名的是《诗薮》，这本著作以朝代为序，对作家、作品进行评论，完整、系统地表述了作者的诗学思想。他在评论杜甫所作的《登高》时，写道：“若‘风急天高’（杜甫《登高》）；则一篇之中句句皆律；一句之中字字皆律；而实一意贯穿，一气呵成。”意思是这首诗每一句都符合韵律，每个字也都有韵律，一首诗非常连贯，一口气就能读完。后来，人们就用“一气呵成”形容文章结构紧凑，文气连贯。也比喻做一件事安排紧凑，迅速不间断地完成。

历史篇

清 代

（公元1636年—公元1911年）

清朝是中国历史上最后一个大一统的封建王朝，共历十一帝。从建州女真部首领努尔哈赤建立后金，到皇太极改国号为“清”，从清军入关到康乾盛世，再从鸦片战争到清朝灭亡……整个清朝持续二百七十六年，浩浩荡荡，风起云涌。它承前启后，既延续了中国古代的文化命脉，又开始了近代化的探索，在中国历史上具有深远的影响。

1 —公元1616年— 建立“后金”

在明朝的时候，为了加强对东北地区的女真族的管理，政府在东北地区设立辽东都司、奴儿干都司，女真族各部皆臣服于明朝。公元1583年，出身建州女真的努尔哈赤就任建州左卫都指挥使，他骁勇善战，统一女真各部。他推行八旗制度，按军事组织形式，把女真人编制起来，在贵族控制下进行战争和生产活动，形成一种兵民合一的社会组织形式。八旗制度有效地促进了女真社会的发展，巩固了努尔哈赤的统治地位。公元1616年，努尔哈赤在赫图阿拉建国称“汗”，史称后金，之后开始起兵反抗明朝。

努尔哈赤

2 —公元1619年— 萨尔浒之战

正当明神宗沉浸在声色犬马中时，后金大汗努尔哈赤正在操练军队。万历四十六年（公元1618年）的四月，努尔哈赤告天誓师，历数与明朝的“七大恨”，并亲自率领两万精兵进攻辽东。明神宗这才慌了神，调集大军分四路阻击。努尔哈赤善于分析军事形势，抓住明军兵力分散的弱点，不论明军分几路来攻，他都集中兵力只攻一路，前后杀死明军三百多名将领，折损明军四万六千多人。因主要战争地在萨尔浒，所以这场战争被称为“萨尔浒之战”。这一战，明朝劳民伤财，元气大伤，又将战争失败的后果追加在老百姓身上，征兵征粮，导致民怨纷纷，动乱四起，加速了明王朝灭亡的步伐。

皇太极

3 —公元1636年— 大清建立

努尔哈赤死后，他的第八子皇太极继位，皇太极继承了父亲的遗志，继续对明朝展开攻势，并联合蒙古各部，势力不断扩大。公元1635年，皇太极废除旧有族名“诸申”（女真），定族名为“满洲”。公元1636年，降伏漠南蒙古。同年皇太极称帝且改国号“金”为“清”，正式建立清朝，改年号为崇德。从此拉开了大清王朝历史故事的序幕。

4 —公元1644年— 清军入关

公元1644年，李自成率领的大顺军攻陷北京，崇祯帝在煤山自杀殉国。驻守山海关的明将吴三桂向清朝投降，并且引导清军攻进山海关，击败了李自成，入主北京。同年顺治帝迁都北京，祭告天地祖宗，表示他是全中国的君主。北方的汉奸、官僚纷纷勾结清军，镇压农民军。清军进军的时候烧杀抢掠，特别是剃发令的强制执行，遭到百姓强烈反抗。

5 —公元1735年— 康乾盛世

康熙帝登基的时候，年仅八岁。此时，清朝政局并不安稳，清军入关还不到二十年，汉人排斥满洲人的情绪还很高。镇守云南的平西王吴三桂、镇守广东的平南王尚可喜、镇守福建的靖南王耿精忠各据一方，势力十分强大，多年来一直准备造反。东北方的俄国军队趁机侵犯边境，西北部的准噶尔部也蠢蠢欲动。康熙帝亲政后，将以上问题逐一解决，使清朝走上了太平富强之路。

康熙皇帝不仅维护了国家的统一安定，也大大促进了社会发展，百姓安居乐业。后来，通过康熙、雍正和乾隆祖孙三代的努力，中国出现了长达百年的“康乾盛世”。

康熙皇帝

6 —公元1757年— 闭关锁国

清朝建立之初，根基不稳，反清人民时常起义，而此时中外贸易往来频繁，清朝统治者担心起义人民与洋人联合起来反清，又自认为中国地大物博，不需要与国外互通往来，于是实行海禁政策，只留下广州一地，其余港口都停止了对外贸易。闭关锁国的政策使中国的政治经济、科学技术都落后于西方国家，最终由富国、强国沦为受西方列强欺凌的弱国。

7 —公元1838年— 鸦片入侵

中国的闭关锁国政策，使西方人在对中国的贸易中总是处于贸易逆差。为了扭转这个局面，英国人想出了一个卑劣的办法，那就是向中国出口鸦片。鸦片，提炼自罂粟的果实，含有大量吗啡，吸食后会产生兴奋和幻觉。英国人之所以出口鸦片，一是因为鸦片十分昂贵，吸食上瘾，可以赚取高额利润；二是可以迷惑中国人的心智，使大清的国民体质下降，可以为以后他们打开中国的大门做铺垫。

鸦片输入中国后，果然达到了英国预期的效果，中国人吸食了鸦片后，都变得萎靡不振，而英国人也获得了暴利，扭转了贸易逆差的局面。大量的鸦片输入，使中国的白银源源不断地流失，逐渐掏空了国库。道光皇帝意识到问题的严重性，派大臣林则徐前去禁烟。林则徐到广州后，收缴了当地的鸦片，警告外国烟贩，并在虎门将鸦片焚烧。

8 —公元1840年— 鸦片战争

虎门销烟重燃了中国人的斗志和决心，但英国人把中国人的禁烟行动看成侵犯私人财产，觉得不可容忍，于是促成了战争的爆发，这便是“中英鸦片战争”。在公元1840年，英国的机动舰队从印度出发到达中国海面发动了鸦片战争，结果清朝战败，被迫求和。公元1842年，清朝被迫同英国侵略者签订了不平等条约——《南京条约》，清政府被迫开港通商。

公元1856年，英法联军找借口挑起“第二次鸦片战争”，在北京烧杀抢掠，火烧圆明园。通过赢得战争，西方各国迫使清政府签订了更多不平等条约，占领中国领土开始殖民。

甲午海战

9 —公元1894年— 中日甲午战争

鸦片战争之前，闭关锁国的清政府总是夜郎自大，直到两次鸦片战争的惨败才将清政府从天朝之梦中惊醒。

以曾国藩为代表的洋务派提出“师夷长技以制夷”，开展轰轰烈烈的洋务运动，引进西方先进的军事装备与机器。尽管洋务运动开展得如火如荼，却因没有动摇清朝腐朽制度而以失败告终。而此时，日本刚经过明治维新，国力迅速强盛起来。在取得西方列强的支持后，日本于清光绪二十年（公元1894年）7月25日清晨，在朝鲜牙山湾口丰岛西南海域袭击中国海军船舰，甲午战争爆发。

在发动这场战争之前，日本曾有过周密的计划和作战方针，而仓皇失措的清政府并没有相关的迎战计划。以光绪皇帝为首的主战派与以慈禧太后为首的主和派又意见相左，作战决心不够坚定。清政府长期腐败浪费，海军经费欠缺导致北洋舰队的装备落后，火炮威力不足，在作战时全军覆没。迫于压力，清政府最终和日本签订了赔款割地的《马关条约》。

虽然甲午战争以失败告终，但这场战争涌现出了一批以邓世昌为首的清末海军杰出爱国将领、民族英雄。身为“致远号”舰长的邓世昌在没有坚船利炮的情况下，仍率领全体官兵浴血奋战，最终以身殉国，可歌可泣！

10 —公元1898年— 戊戌变法

甲午战争后，日本凭借从《马关条约》中获得的割地赔款，国力迅速提升。帝国主义见此都想来中国分一杯羹，纷纷圈设租界，掠夺财物。这一恶行激怒和唤醒了一大批中国人。以康有为、梁启超、谭嗣同为代表的爱国人士发起了救亡图存运动，他们想要学习日本明治维新，实施社会变革，主张改革政府机构、裁撤冗官、兴办企业和新学堂，这些想法在光绪帝的支持下得以开展。然而，这场维新运动仅开展了一百零三天，就因慈禧太后和守旧派的阻挠而夭折了。

11 —公元1900年— 义和团运动

清政府的变法改革一次又一次失败，百姓们大失所望。公元1897年，德国占据山东，欺压当地百姓，而软弱的清政府不敢主持公道。于是，一场以“扶清灭洋”为口号的义和团运动在民间展开了。义和团的人员组成复杂，有农民、工匠甚至官员，他们攻打当地教堂，对在华传教士进行攻击，摧毁西式建筑。迫于帝国主义的压力，清政府只好对义和团运动进行镇压。尽管义和团运动以失败而告终，且带有一定的盲目性，但它表现了中国人反抗侵略者的决心，给了帝国主义一次沉重的打击。

八国联军

12 —公元1900年— 八国联军

帝国列强借义和团起义之事，指责清政府排外，公元1900年5月28日，英、法、德、奥、意、日、俄、美八国以“保护使馆”为名，将军队派入北京。此后，八国的军队源源不断进入中国，已经到了无法控制的局面。联军对义和团进行了血腥围剿，又趁机占领了大沽口。8月4日，联军从天津直驱北京，从北京各门攻入，14日，北京彻底沦陷，慈禧太后和光绪帝逃亡西安。八国联军每到一个地方，都杀人放火、掠夺珍宝，犯下了滔天恶行。

13 —公元1901年— 辛丑条约

义和团运动被八国联军围剿后，清政府失去了唯一能够依靠的力量，只好向各国列强投降。清政府派李鸿章为代表，和帝国列强商量议和之事。公元1901年9月7日，李鸿章与其签订了《辛丑条约》，接受了向各国赔款4.5亿两白银，划北京东交民巷为使馆界，保证人们不得参加反帝运动等条件。这一条约的签订，意味着清政府彻底沦为帝国主义统治中国的工具，而庞大的赔款数额，使中国老百姓的肩上都扛上了难以承受的重担。

14 —公元1911年— 辛亥革命

面对帝国列强得寸进尺的割地赔款要求，清政府步步退让，使我国的领土和主权迅速丧失。推翻清政府，建立一个富强、民主的国家是中国有志之士的迫切愿望。从英国流亡回来的孙中山先生高举反帝反封建的旗帜，带领国人走上了革命道路。公元1905年，孙中山与黄兴、宋教仁等人成立了中国同盟会，定下革命目标，随即发动了一系列武装起义。公元1911年10月10日，湖广总督在武昌大肆搜捕革命党人，新军工程营的革命党人率兵冲出营房，打响了武昌起义第一枪。这场革命在历史上被称为“辛亥革命”。

15 —公元1912年— 清朝灭亡

武昌起义爆发后，多个省市脱离清政府自立，帝国列强见状，一面调遣军队干涉革命进程，一面积极扶植新的代理人，让北洋新军统帅袁世凯做内阁大臣。公元1911年年底，孙中山在各省代表的推举下，做了中华民国临时大总统，1912年1月1日在南京宣誓就职。南京临时政府成立后，帝国列强对其采取军事威胁、经济封锁等手段，孙中山迫于压力，将总统之位让给了袁世凯。2月12日，袁世凯逼迫宣统皇帝退位，清王朝在中国二百七十多年的统治至此结束了。

公元1866年孙中山出生于广东省香山县，原名孙文，因参加革命化名中山樵，所以被人们称为“孙中山”。孙中山年轻时接受的都是西方资产阶级教育，这对他后来开展资产阶级民主革命起到了重大作用。孙中山的一生，都在为推翻帝制，建立富强、民主国家而奋斗，可谓鞠躬尽瘁。他的功劳，不仅在于领导了民主革命，更在于给中国人留下了一笔宝贵的精神财富。

孙中山

清朝建立之初，为了吸取明朝灭亡的教训，康熙帝承诺“滋生人丁，永不加赋”，雍正年间，又在全国实行了摊丁入亩的改革。乾隆帝也采取了一些体恤商人的做法，比如商人到歉收的地方销售粮食，可以免去关榷米税，经营汇兑、存贷的金融机构——票号也在此时出现了。康乾盛世的繁荣景象让统治者开始变得私欲膨胀和骄傲自满，而当时的世界早已发生了天翻地覆的变化，以英国为代表的西方列强为了获取更大的利益，开始通过武力实现殖民侵略，将魔爪伸向毫无防备的中国。

闭关锁国的中国最终被西方列强的鸦片烟枪和军舰大炮轰开了国门。清朝是中国历史上最后的封建王朝，也是第二个由少数民族（满族）统治的大一统朝代，从辉煌到颓废、从天朝上国到丧权辱国，风云变幻，共计二百七十六年。

剃发易服

明末清初时期，清政府以“不从者斩”为手段，强令其统治下的全国各民族改剃满族发型。

紫禁城
遛鸟
您猜怎么着，那孙悟空……
闪开！别挡道儿！
官员
货物
说书
清朝女人
衙差
传教士
骆驼队
宠物狗

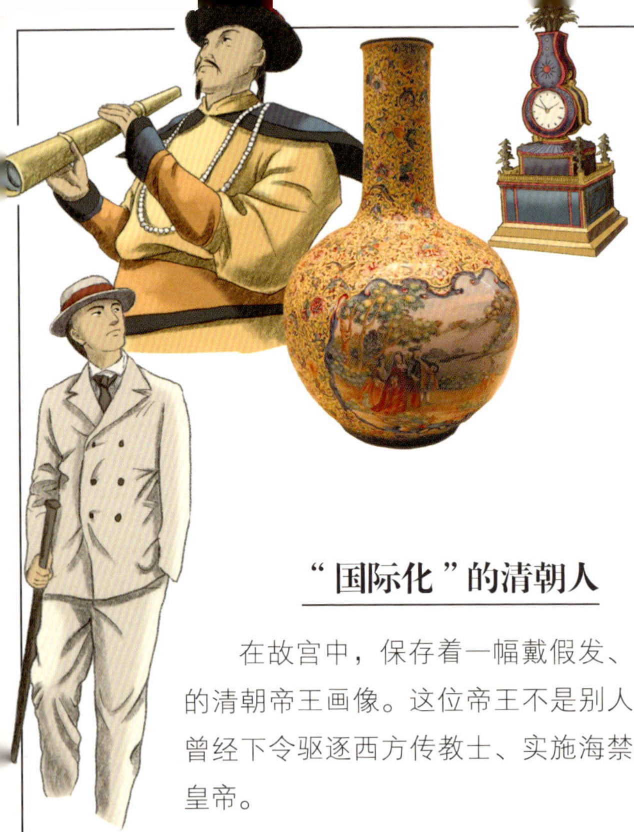

发展迟缓的科技

当外国使臣向清朝皇帝献上西方最先进的蒸汽机、纺织机、战舰模型时，都被毫不婉转地回绝了：天朝物产丰富，无所不有。然而，地大物博的清朝，在技术上并没有什么飞跃性的进展。天文历法方面，来自德国的传教士汤若望起到了推动作用；医学方面的进步有乾隆时官修的《医宗金鉴》九十卷；地理方面有康熙政府经过三十余年的筹划、测绘而成的《皇舆全览图》。

汤若望

“国际化”的清朝人

在故宫中，保存着一幅戴假发、穿洋装的清朝帝王画像。这位帝王不是别人，正是曾经下令驱逐西方传教士、实施海禁的雍正皇帝。

然而在清朝前期，海外贸易繁荣，外国传教士蜂拥而至，国外的使团也纷纷来华拜见清朝皇帝。他们带来了很多“洋玩意儿”，比如望远镜、钟表等等，深得皇帝的喜爱。鸦片战争之后，大街上也随处可见洋人或者留着长辫子穿着洋装的中国人。

你知道吗？

詹天佑与“人”字形铁路

清朝末年，清政府在修筑铁路方面一味依赖洋人，洋人以此限制并嘲笑国人。海外留学归来的工程师詹天佑主持修建中国自主设计并建造的第一条铁路——京张铁路。他面对陡峭的山峰，创造性地设计了“人”字形铁路，火车到达山顶时车尾就变成了车头，完美地解决了火车爬坡受限的问题。

曹雪芹与《红楼梦》

曹雪芹所著的《红楼梦》是我国四大名著之一，全书以贾宝玉和林黛玉的爱情故事为主线，描写了“贾、史、王、薛”四大家族的兴衰史，虽写的是闺阁儿女之事，却铺开一张错综复杂的社会关系网，让人们既见识了豪门富贵，又了解到市井之俚趣。此外《红楼梦》还是一部中国封建社会的百科全书，内容涵盖医药、诗词、饮食、民俗等知识，可谓是包罗万象。

曹雪芹

“扬州八怪”

清代中期，扬州地区活跃着一批风格相似的画家，较为出名的共有八人，分别是：郑燮（xiè）、罗聘、黄慎、李方膺、高翔、金农、李鱓（shàn）、汪士慎。这八人被称为“扬州八怪”。“怪”这一字，看似是贬义，实则是褒奖。只因这八人皆出身贫寒，不慕名利，且性情怪僻，行为异于世人，作画更是不同于正统画派。“八怪”之中，最出名的要数郑燮，他以画竹子而闻名，画风不拘一格。郑燮喜欢竹子的清高，所画之竹，多是瘦弱苍劲，与其说是在画竹，不如说是借竹明志，表达自己不与朝臣同流合污的高风亮节。

郑燮作品

“国粹”京剧

形成于清代的中国京剧被列为“中国三大国粹”之一，京剧前身为徽剧，并杂糅了昆曲、秦腔等多种戏剧的演唱方法与表现形式，博采众长，集多家精华于一身。京剧正式形成后，深受皇帝和后宫妃嫔的喜爱，大臣们也附和观看，于是京剧在皇族贵胄的捧场下迅速发展，传遍大江南北，直至走出国门，被列入《人类非物质文化遗产代表作名录》。

京剧《霸王别姬》

京剧的剧目之丰富、表演艺术家之多、剧团之多、观众之多、影响之深均为全国之冠。《霸王别姬》是京剧里的经典之作，流传至今。

你知道吗？

《聊斋志异》

《聊斋志异》是清朝小说家蒲松龄所著的志怪小说，虽写的是花妖狐魅的故事，却把妖魅写得比人还要有情。故事情节虽然荒诞不经，却曲折地反映了现实生活。

不拘一格

清朝有一位著名的诗人名叫龚自珍，他出身于官宦家庭，自幼受到良好的教育，相传他八岁时就研究《经史》《大学》，十三岁就能创作优秀的文章了。成年后，他担任内阁中书、宗人府主事和礼部主事等官职。任职过程中，他主张革除弊端，抵制外国的侵略。龚自珍将自己的理想写进诗文里，字里行间流露着爱国的热情。由于不满官场中的腐败和黑暗，龚自珍在四十八岁的时候，毅然决然辞官回家，在归乡的途中，他目睹了苦难中的人民，不由触景生情，写下一首《己亥杂诗》：“九州生气恃风雷，万马齐喑究可哀。我劝天公重抖擞，不拘一格降人才。”诗的大意是中国要有生气，就要开展疾风迅雷一样的社会变革，我劝朝廷重新振作起来，不要拘泥常规，多任用一些有用的人才。“不拘一格”就出于此，比喻不拘泥于一种规格、办法。

顾全大局

清朝末年，帝国主义列强入侵中国，多数官员却不思进取，朝堂一片腐败之象。不过，也有少数官员怀有挽救时局的志向，两江总督刘坤一就是这样的人。光绪六年（公元1880年），沙俄制造矛盾，想要控制中国，清朝廷让各省的官员发表意见，刘坤一率先站出来提出：对付沙俄也不是没有办法的，只要派一个懂得军事的大臣到新疆镇守就行，因为俄国人无力攻打东面，真正要防范的，是东面的日本。清政府采纳了他的意见，又命刘坤一担任南洋大臣。由于北洋大臣的开支多于南洋，刘坤一很不满意，他上书说：“拨款是按照比例分配的，现在偏偏少给南洋很多，都是挪到别的地方用了，负责分配款项的人还能算得上是一个顾全大局的人吗？”“顾全大局”形容考虑整体利益。

悬崖勒马

清朝年间，大才子纪晓岚发现自己的婢女和一个有妇之夫厮混在一起，纪晓岚想成人之美，将婢女赏赐给那人，谁知婢女反倒不愿意。纪晓岚觉得很奇怪，仔细盘问才知道，原来这个婢女不甘心做小妾，而是一心要做正房太太。与她私通的男子家境并不殷实，如果要遣散原来的正房太太，就要给人家一大笔钱财才行，男子拿不出这笔钱来，婢女便对他吹耳边风，让他谋害自己的正房太太，这样就不用花费钱财了，男子同意了。动手之时，男子忽然想起正房太太昔日的好处来，又担心东窗事发自己受到牵连，于是没有下手杀害妻子。纪晓岚得知了事情的经过，将它写进《阅微草堂笔记》中，并评论说：“此书生悬崖勒马，可谓大智矣！”“悬崖勒马”比喻到了危险关头及时清醒回头。

蛛丝马迹

清朝的王家贲在《别雅序》中写道："大开通同转假之门，泛滥浩博，几疑天下无字不可通用，而实则蛛丝马迹，原原本本，具在古书。"《大开通》是汉明帝时期的摩崖刻石，有很多人临摹上面的书法，这些书法作品流传久了，就变了样，多字少字，人们再看见的，已经与原作相去甚远了，因此王家贲提出要想找到《大开通》的蛛丝马迹，还是要看古书。此处的"马"并非是指牲畜中的"马"，而是一种叫"灶马"的昆虫，这种昆虫身体短粗，擅长跳跃，白日里就藏在灶膛附近隐蔽的角落里，晚上才出来活动，因此人们很难发现它。"蛛丝马迹"指的就是从挂下来的蛛丝可以找到蜘蛛的所在，从灶马爬过的痕迹可以查明灶马的去向，比喻做事会留下隐约可见的痕迹和线索。

挥洒自如

清朝道光年间，有一个善于书画的人，名叫钱泳。钱泳没有担任过什么大官，但他精通经史，留下很多著作。他的诗文写得很好，绘画和书法更是一绝，很多人上门来求字，还有人专门到他门下拜师学艺。有一名学生跟随钱泳很长时间了，钱泳只是让他不停地练习草书和行书，他觉得有些不耐烦了，就问钱泳："我练到什么程度才算好了呢？"钱泳回答："不管你写什么东西，是大幅的书法作品，还是简短的书信，一定要做到写的时候挥洒自如才行，要想做到挥洒自如，不练习草书和行书是不行的。"他的学生听了，十分惭愧，又接着练起了书法。后来，钱泳将这个观点写进了他的著作当中。"挥洒自如"用来指笔墨的运用得心应手。

绘声绘色

"绘声绘色"一词，出于清朝吴敬梓的《儒林外史》第十七回："绘声绘色，能令阅读者拍案叫绝。"指的是一幅好的画作，不仅能在视觉上给人美妙的感觉，还能让人如闻其声，仿佛置身其中，美妙无比。据说，宋代时画院曾以"深山何处钟"和"踏花归来马蹄疾"为题目，让画家作画。这两个题目难住了很多人，但是有两个人画得非常巧妙：其中一个人画的是一个和尚在溪水边回首倾听，虽然没有画到钟，却让人联想到了钟。另一个人画了一群蜜蜂紧紧追逐着奔走的马蹄，从而表现出"香"的意味。这两幅画都构思巧妙，达到让人联想的目的，从而好像听见了画中的声音、闻到了画中的味道。"绘声绘色"比喻把人物的声音、神色都描绘出来，形容叙述和描写生动逼真。